AF107123

www.ingramcontent.com/pod-product-compliance
Lightning Source LLC
LaVergne TN
LVHW010224070526
838199LV00062B/4725
* 9 7 8 9 3 5 8 7 2 1 1 2 6 *

آبِ حیات: تذکرۂ شعراء
(بچوں کے لیے)

مصنف:

صغرا ماہر

© Taemeer Publications LLC

Aab-e-Hayat : Tazkira-e-Shora

by: Sughra Mahir

Edition: September '2023

Publisher & Printer:

Taemeer Publications LLC (Michigan, USA / Hyderabad, India)

ISBN 978-93-5872-112-6

مصنف یاناشر کی پیشگی اجازت کے بغیر اس کتاب کا کوئی بھی حصہ کسی بھی شکل میں بشمول ویب سائٹ پر اَپ لوڈنگ کے لیے استعمال نہ کیا جائے۔ نیز اس کتاب پر کسی بھی قسم کے تنازع کو نمٹانے کا اختیار صرف حیدرآباد (تلنگانہ) کی عدلیہ کو ہو گا۔

© تعمیر پبلی کیشنز

کتاب	:	**آبِ حیات: تذکرۂ شعراء**
مصنف	:	**صغرا ماہر**
صنف	:	ادب اطفال
ناشر	:	تعمیر پبلی کیشنز (حیدرآباد، انڈیا)
سالِ اشاعت	:	۲۰۲۳ء
تعداد	:	(پرنٹ آن ڈیمانڈ)
صفحات	:	۱۵۰
سرورق ڈیزائن	:	تعمیر ویب ڈیزائن

اِنتساب

میں اس کتاب کو اپنے پیارے ابا جان
مولوی داؤد خان صاحب قبلہ مرحوم و مغفور اور اماں جان
مرحومہ و مغفورہ کے نام سے منسوب کرتی ہوں، جن کی بے پناہ
شفقت و تربیت نے دنیا میں جینے کا سلیقہ سکھایا۔
دست بدعا ہوں کہ غفور الرحیم دونوں کو اپنی جوارِ رحمت
میں پناہ عطا فرمائے۔ آمین!

صغرا ماہر

فہرست

صفہ			صفہ		
۷۶	غالب	۱۱	۵	تعارف پروفیسر رفیعہ سلطانہ صاحبہ	۱
۸۵	مومن	۱۲	۸	مقدمہ پروفیسر اشرف رفیع صاحبہ	۲
۹۲	ذوقؔ	۱۳	۱۲	پیش لفظ مصنف	۳
۹۹	ناسخ	۱۴	۱۴	ولیؔ	۴
۱۰۲	آتشؔ	۱۵	۲۱	دچی وغواصی	۵
۱۱۳	نظیر اکبر آبادی	۱۶	۳۰	محمد قلی قطب شاہ	۶
۱۲۳	حالیؔ	۱۷	۳۸	میر حسن	۷
۱۳۰	داغؔ	۱۸	۴۷	میر تقی میر	۸
۱۳۶	اقبالؔ	۱۹	۵۷	مرزا سودا	۹
			۶۶	مصحفی و انشاؔ	۱۰

تعارف

اُردو ادب میں "آب حیات" (شعرائے اردو کا تذکرہ) اتنی اہم کتاب ہے کہ سو سال سے زیادہ عرصہ گزرنے کے باوجود اس کی اہمیت اور افادیت میں فرق نہیں آیا۔ حالانکہ نئی تحقیقات کی روشنی میں اس کے کئی بیانات ناقابلِ قبول ہوگئے ہیں۔ پھر بھی اُردو ادب کا طالب علم اس کتاب کو نشانِ راہ سمجھ کر مطالعہ کرتا ہے اور روشنی حاصل کرتا ہے۔ بالخصوص آج کے اُردو کے طالب علم کے لیے اردو زبان کے اہم شعراء سے واقفیت بہت ضروری ہے۔

محترمہ صغرا ماہر صاحبہ نے اس اہم صنف ادب پر اپنی توجہ مبذول کی ہے اور نہایت سلیس اور دلچسپ انداز میں بچوں کے لیے

اردو کے اہم شعراء کا تعارف اس طرح پیش کیا ہے کہ بیک وقت ان کے حالاتِ زندگی اور شاعری کی خصوصیات کا ادراک ہوجاتا ہے۔ یہ صغرا ماہر صاحبہ کی مہارت کی دلیل ہے۔ موصوفہ اس کام کے لیے اس لیے موزوں ہیں کہ ان کی زندگی کا بڑا حصہ اردو ادب کی تدریس و تفہیم میں گزرا ہے۔ ان کو بچّوں کی نفسیات اور ان کی تعلیمی ضروریات کا علم ہے۔ شعراء کے انتخاب میں موصوفہ نے بڑی بالغ نظری کا ثبوت دیا ہے۔ یعنی ان ہی شعراء کو منتخب کیا ہے، جو اردو شاعری کے کاروان کے 'میر کارواں' سمجھے جاسکتے ہیں۔

غالباً ڈاکٹر زورؔ صاحب نے بھی اسی مقصد کے پیشِ نظر موصوفہ کو اس طرح کا ایک تذکرہ مرتب کرنے کا مشورہ دیا تھا۔

مجھے یقین ہے کہ صغرا ماہر صاحبہ کی یہ کاوش ادبیاتِ اطفال میں ایک اہم اضافہ ثابت ہوگی اور نصابی ضروریات کی بھی تکمیل کرسکے گی۔

فی زمانہ اُردو ادب کی نصابی کتب کا فقدان

ہے ــــ اس طرح کی معیاری کتابیں منظرِ عام پر آجائیں تو یہ اُردو ادب کی بڑی خدمت ہوگی۔ رفعیہ سلطانہ

پروفیسر رفیعہ سُلطانہ

سابق ڈین فیکلٹی آف آرٹس عثمانیہ یونیورسٹی

اگسٹ ۱۹۹۴ء

مقدمہ

کے۔ اے۔ جمنا کی مرتبہ کتاب CHILDREN LITERATURE IN INDIAN LANGUAGES کے مطالعہ سے یہ حقیقت سامنے آتی ہے کہ ہندوستان کی دیگر زبانوں کے مقابلہ میں بچوں کے ادب کا وافر خزانہ اردو زبان میں موجود ہے۔ اردو کے کم و بیش ہر بڑے شاعر اور ادیب نے بچوں کے لئے کچھ نہ کچھ لکھا ضرور ہے۔ حضرت امیر خسرو، نظیر اکبر آبادی، غالب، حالی، اسمٰعیل میرٹھی، اقبال، چکبست، تلوک چند محروم اور نثر نگاروں میں انشاء خاں انشاء، ماسٹر رامچندر، سرسید، نذیر احمد، عبدالحلیم شرر، محمد حسین آزاد، حالی، شبلی، پریم چند، رسوا، عصمت چغتائی، کرشن چندر، شفیع الدین نیر، قرۃ العین حیدر، رشید احمد

صدیقی ، عابد حسین اور پروفیسر مجیب وغیرہ نے گلستان ادب اطفال میں اپنے قلم سے گلہائے رنگا رنگ کھلائے ہیں۔

۱۹۴۷ء کے بعد ان بزرگوں میں سے اکثر کو بے حد سنجیدہ ، گمبھیر اور گوناں گوں موضوعات مل گئے اور ادبِ اطفال کی طرف لکھنے والوں کی توجہ کم ہوگئی اس کمی کو ہمارے سیاسی اور سماجی رہنماؤں نے بھی محسوس کیا۔ چنانچہ پنڈت جواہر لال نہرو نے چلڈرن بک ٹرسٹ نیشنل بک ٹرسٹ کے قیام پر زور دیا ۔ اور ہندوستان کی مختلف زبانوں میں لکھنے والوں کو بچوں کے لئے بھی لکھنے کی ترغیب دی۔ سرکاری اداروں میں نیشنل بک ٹرسٹ انڈیا اور ترقی اردو بیورو ، دہلی کے علاوہ غیر سرکاری اور ادبی اداروں میں مکتبہ جامعہ اور انجمن ترقی اردو (ہند) نے بھی اس کارِ خیر میں حصہ ادا کیا ۔ اب بھی ادب اطفال میں اپنے اپنے طور پر اضافہ ہی کئے جارہے ہیں ۔

حیدرآباد دکن میں بھی انیسویں صدی کے ربع دوم سے ادب اطفال کے نقوش ملنے لگے تھے۔ ابتداء میں یہ کام تراجم کے وسیلے سے ہوتا رہا۔ انیسویں صدی کے نصف دوم اور بیسویں صدی کے اوائل سے دکن میں بچوں کے لئے لکھنے والوں کی فہرست میں عہد بہ عہد اضافہ ہونے لگا۔ ان میں حضرت فیض کیفی ، نوازش علی لمعہ، حبیب اللہ ذکا ، غلام مصطفےٰ ذہین ، محب حسین ، مائل حیدرآبادی ، نوشابہ خاتون

نظم طبا طبائی، علی منظور، ڈاکٹر زورؔ، مولوی نصیر الدین ہاشمی، پروفیسر رفیعہ سلطانہ اور زبیدہ رعنا نے بچّوں کے لئے کہانیاں، مضامین اور نظمیں لکھیں۔ محترمہ صغرا ماہر صاحبہ بھی انہی میں سے ایک ہیں جنھوں نے ادب اطفال کی طرف توجہ کی اور اپنی نگارشات سے بچوں کے ادب میں اضافہ کیا۔

محترمہ صغرا ماہر صاحبہ عرصہ دراز سے بچوں کے لئے لکھ رہی ہیں۔ ان کے مضامین اور ان کی کہانیاں، سب رس، حیدرآباد میں خاص طور پر چھپتی رہیں۔ ڈاکٹر زورؔ نے ان کی کاوشوں کو قدر کی نگاہ سے دیکھا اور منتخب مضامین کو کتابی شکل میں چھپوانے کا شورہ دیا تھا۔ فکر دوراں سے نجات ملی تو یوں صدی بعد محترمہ نے مضامین کا انتخاب کرکے ان کے مجموعہ کا نام " آبِ حیات " رکھا اور بچوں کی نئی اور پروان چڑھتی ہوئی نسل کو ایک علمی ادبی تحفہ عطا کیا۔

محترمہ صغرا ماہر صاحبہ کی زندگی کا بیشتر حصّہ درس وتدریس میں گزرا۔ وہ بچوں کی ذہنی ضروریات اور ان کی دلچسپیوں سے بخوبی واقف ہیں۔ بچوں کی نفسیات کو پوری طرح سمجھتی ہیں بلکہ ان تغیرات کا بھی پورا شعور رکھتی ہیں جو عمر کے ساتھ ساتھ ان کے جذبات پر اثر انداز ہوتے ہیں۔ آبِ حیات میں بچوں کی نفسیات اور ذہنی استعداد کا شعور ہر جگہ نظر آتا ہے۔

اس کتاب میں محمد قلی قطب شاہ سے لے کر اقبال تک پندرہ سولہ شاعروں

کی زندگی کے حالات ، شاعرانہ کمالات ، علمی ، ادبی کارنامے اور ان کے عہد سے متعلق دلچسپ واقعات اور حالات کو دل نشین پیرائے میں بیان کیا ہے زبان میں سادگی، بے ساختگی روانی اور بے تکلفی ہے۔ یہ مضامین ۱۲ تا ۱۵ برس کی عمر کے بچوں کے لئے لکھے گئے ہیں۔ اس عمر میں بچے تاریخ سوانح مہم پسندی (ADVENTURES) قومی رہنماؤں کے ذہنی اور علمی قوتوں کو فروغ دینے والے واقعات کے مطالعہ سے بھی دلچسپی رکھتے ہیں عمر کے اس نازک موڑ پر بچوں کی تعلیم و تربیت کے لئے ایسے ادبی مواد کی بھی ضرورت ہے جو ان کی ذہنی بالیدگی اور جذباتی آسودگی کا باعث ہو، ان کی زندگی کو سنوارے، کردار کو ابھارے، انہیں اچھا شہری اور انسان دوست بننے کی طرف مائل کرے اور جو اپنے اندر ادبی لطافت بھی رکھتا ہو اور مادری زبان کی محبت بھی پیدا کرتا ہو۔ محترمہ صغرا ماہر صاحبہ کی کتاب " آب حیات " (بچوں کے لئے) یہ ساری خصوصیات یکجا نظر آتی ہیں۔ امید ہے کہ بچے ان کے والدین، اساتذہ اور بچوں کی ذہنی تربیت سے دلچسپی رکھنے والے اس سے ضرور استفادہ کریں گے۔

اشرف رفیع

پروفیسر اشرف رفیع

سابق صدر شعبہ اُردو عثمانیہ یونیورسٹی

ستمبر ۱۹۹۴ء

پیش لفظ

ادارۂ ادبیات اردو کے ماہنامہ "سب رس" میں میرے یہ مضامین تقریباً ہر ماہ شائع ہوا کرتے تھے۔ ان دنوں 'سب رس' کے مدیر جناب حمید الدین شاہد تھے۔ ہمارے کرم فرما پروفیسر محی الدین قادری زورؔ نے ان مضامین کو پڑھ کر بڑی قدر افزائی کی تھی، اور ان مضامین کو کتابی شکل میں شائع کرنے کی بار بار ہدایت فرمائی تھی۔

اس بات کو ایک عرصہ بیت گیا — ! زندگی کی گوناگوں مصروفیات نے، باوجود دلچسپی کے، اس طرف متوجہ ہونے کی فرصت ہی نہ دی۔ بطنی و روحانی اولاد (طالبات) کی تعلیم و تربیت

نے ہمیشہ مصروف ہی رکھا۔

اس چھوٹی سی کتاب کا مقصد، قوم کی نوجوان نسل کو اردو کے چند مشہور شعراء سے متعارف کروانا ہے۔ اس بات کی کوشش کی گئی ہے کہ ہر شاعر کا ایک دلچسپ نقش پڑھنے والے کے ذہن میں اتر جائے۔ مثلاً کسی کی خودداری و بے نیازی کی شان، کسی کا ظریفانہ اندازِ بیان، کسی کی نازک مزاجی ہم عصر شعرائے کرام کی باہم چشمکیں، نوک جھونک، مہذب و شائستہ اور کبھی اس کے برخلاف بھی!

قارئینِ کرام اس بات کا بخوبی اندازہ فرما سکتے ہیں کہ اس مقصد میں کہاں تک کامیابی حاصل ہوئی ہے۔

میرے بچے، بلقیس فرزانہ (ایم اے)، ڈاکٹر خالدہ ریحانہ (پی ایچ ڈی) علی بشیر (بی ایس سی۔ ایم اے) جب اپنی اپنی زندگی میں بخیر و خوبی منہمک ہو گئے اور حکومت نے بھی ۳۶ سالہ خدمات کے بعد سبکدوشی کا اعزاز بخشا تو، سوچا، کیوں نہ پروفیسر زورؔ کی ہدایت پر عمل کرتے ہوئے اس کتاب کو مکمل کیا جائے تاکہ نئی نسل کے طلباء کی علمی خدمت ہو۔

میری عزیز ترین فاضل شاگرد پروفیسر اشرف رفیع نے میری محنت کو کتابی شکل دینے میں میری بڑی مدد کی — اپنی زبردست مصروفیت کے باوجود اشرف بی بی نے حقِ شاگردی ادا کردیا — ان کے میاں ڈاکٹر فاطمی صاحب کے تعاون اور دلچسپی کی بھی میں از حد ممنون ہوں۔ ان دونوں کے لئے میری دلی دعائیں ہیں۔

پروفیسر رفیعہ سلطانہ صاحبہ کی بھی سپاس گزار ہوں جنہوں نے اپنی گراں قدر رائے سے نوازا۔

میری بیٹی ڈاکٹر خالدہ ریحانہ نے اس کتاب کو پایۂ تکمیل تک پہنچایا۔ میرے بیٹے علی نے کتابت کے مشکل مراحل طے کیے۔ ان دونوں بھائی بہن کے لیے کچھ کہنا تو ان کی سعادتمندی کی نفی کرنا ہے۔ جزاھم اللہ فی الدارین خیرا

آندھرا پردیش اردو اکیڈیمی کا مالی تعاون بھی اس کتاب کی اشاعت میں شامل رہا۔ جس کے لیے میں اکیڈیمی کی اور خاص طور پر جناب رحمت علی صاحب چیرمین اردو اکیڈیمی کی شکرگزار ہوں۔

پس نوشت:-

جناب غوث محمد خاں صاحب مرحوم نے میری کتاب کی ساری کتابت

بہت ہی حُسن خوبی سے مکمل کی ۔ صرف چند صفحات " مقدمہ " کے باقی رہ گئے تھے کہ اچانک داعیٔ اجل کو لبیک کہہ دیا ۔ انا اللہ وانا علیہ راجون ۔

جناب غوث مرحوم کا شمار ہندوستان بھر کے درجہ اوّل کے فنکاروں میں ہوتا تھا ۔ ان کی کتابت کا سلیقہ اور فن کا حُسن اتنا پُرکشش تھا کہ تحریر کا جادو سر چڑھ کر بولتا تھا ۔

تحریر آدمی کی شخصیت کی آئینہ دار ہوتی ہے ۔ مرحوم کی عظیم وشاندار خطاطی نہ صرف ان کی فنی تجربہ کا مظہر ہے بلکہ ان کی شخصی صلاحیتوں کو اجاگر کرتی ہے ۔ دنیا کی ساری چیزیں فانی ہیں لیکن باقی رہ جانے والی فنی صلاحتیں ہیں جو ملک وقوم کا اثاثہ ہوتی ہیں ۔

میری کتاب کے مقدمے کے چند صفحات جو باقی رہ گئے تھے اُسے مرحوم کے فرزند جناب افضل محمد خاں نے مکمل کیا ۔

غفوراً رحیم سے میری دعا ہے کہ مرحوم کی مغفرت فرماکر انہیں غریقِ رحمت فرمادے اور پسماندگان کو صبرِ جمیل عطا فرمائے ۔ میری دعا ہے کہ قادرِ مطلق ان کے دونوں بیٹوں کو بھی والد کی فنی صلاحیتوں اور کمالِ فن سے سرفراز فرمائے ، دونوں کو اپنے والد سے بھی زیادہ شہرت و نیک نامی سے نوازے ۔ آمین

بہرصورت یہ کتاب جناب غوث محمد خاں مرحوم کی کتابت کا آخری نمونہ ہے۔ مجھے افسوس ہے کہ کتاب کا سرورق مرحوم کی عظیم فنکاری سے محروم رہ گیا۔

صغرا ماہر
۲۵ر اکتوبر ۱۹۹۴ء

ولؔی

ولادت ۱۶۶۷ تا ۱۷۴۱ء

ولؔی اُردو کے سب سے پہلے شاعر ہیں۔ ان کو اُردو نظم کا آدم کہا جاتا ہے۔ ہندوستان کی نظم میں وہی درجہ حاصل ہے، جو انگریزی نظم میں چاسؔر کو، فارسی میں رودؔکی کو، اور عربی میں مہلہؔل کو حاصل ہے۔

ولؔی کسی کے شاگرد نہ تھے۔ جس طرح بڑے شاعر بنتے نہیں بلکہ پیدا ہوتے ہیں، اسی طرح ولؔی بھی قدرت سے شاعر ہی پیدا ہوئے تھے۔

ان کا نام شمس ولی اللہ تھا، ولؔی تخلص کرتے تھے۔ گجرات کے رہنے والے تھے، آخری عمر میں اورنگ آباد آئے اور یہیں کے ہو رہے۔ اِن کی تعلیم و تربیت کے متعلق کچھ معلوم نہ ہو سکا۔ خاندانی تعلیم اور بزرگوں کی

محبت بھی یقیناً ایک تاثیر رکھتی ہے۔ اسی لیے لکھ پڑھ کر بھی ولی نے غیر معمولی لیاقت حاصل کرلی باوجودیہ کہ ان کے کلام کی زبان موجودہ زمانے کے لیے بالکل اجنبی سی ہے لیکن اس کی مقبولیت و شہرت میں اضافہ ہی ہوتا جارہا ہے۔ یہاں تک کہ لندن اور پیرس میں بھی اس کی کئی جلدیں شائع ہوچکی ہیں۔ ولی نہایت خوددار اور بے نیاز انسان تھے۔ کبھی کسی بادشاہ یا امیر کی تعریف نہیں کی نہ ہی کوئی ہجو لکھی۔ دوسرا کوئی شاعر ان کی نظر میں نہیں جچتا تھا، جیسے سراج اور داؤد وغیرہ ان کے ہمعصر سمجھے جاتے تھے۔ لیکن حقیقت یہ ہے کہ یہ سب ولی ہی کے قدم بقدم تھے اور محض انہیں کی تقلید کرتے تھے۔ کسی نے خوب کہا ہے کہ ولی کے مرتبے کو ولی ہی جان سکتا ہے۔ ولی ان کو عزیز تھی کہتے ہیں ؎

دل ولی کا لیا دلی نے چھین

جاکہو کوئی محمد شاہ سوں

ولی نے قدیم شاعروں سے ہٹ کر اپنا راستہ الگ قائم کیا۔ قدیم شعراء کے ہاں صرف چند اصنافِ سخن پائے جاتے ہیں۔ مگر ولی نے ہر صنفِ سخن میں شعر کہہ کر اپنے دیوان کو باقاعدہ مرتب کیا ہے۔ انھوں نے قصائد بھی لکھے ہیں۔ اور ترجیع بند بھی، رُباعیات میں بھی طبع آزمائی کی ہے

اور قطعات میں بھی، لیکن ان کا کمالِ شاعری تو صرف غزلوں ہی میں پایا جاتا ہے مولانا آزاد ان کے کلام کے متعلق لکھتے ہیں: "یہ نظمِ اُردو کی نسل کا باوا آدم' جب ملکِ عدم سے چلا تو اس کے سر پر اوّلیت کا تاج رکھا گیا . . . " اُردو شاعری عالمِ وجود میں آچکی تھی، مگر ابھی بچّوں کی سی نیند سوتی تھی۔ ولیؔ نے آکر ایسی میٹھی آواز میں غزل خوانی شروع کی کہ اس خوابیدہ بچّے نے ایک انگڑائی لے کر کروٹ بدلی۔ پھر کیا تھا گھر گھر شاعری کا چرچا شروع ہوگیا"

تعجب اس بات کا ہے کہ باوجود اپنے رنگ کا پہلا شاعر ہونے کے' ولیؔ نے اپنی غزلوں میں ایسی رنگا رنگ تجلّیاں کیسے پیدا کیں؟ اتنی نغمہ سنجیاں کہاں سے سیکھیں؟ اپنے کلام کو اتنی میٹھی زبان کیونکر عطا کی؟ بڑے بڑے شعراء نے بھی ولیؔ کی شاعری کا اس طرح اعتراف کیا ہے شاہ حاتم کہتے ہیں ؎

حاتمؔ! یہ فنِ شعر میں کچھ تو بھی کم نہیں
لیکن ولیؔ، ولیؔ ہے جہاں میں سخن کے بیچ

آبروؔ ان کی کرامات کو یوں تسلیم کرتے ہیں ؎

آبرو! شعر ہے ترا اعجاز
پر ولؔی کا سخن کرامت ہے

خیر! یہ سب تو سب شہنشاہِ اقلیم غزل گوئی بھی، ولؔی کو اپنا رہنما و محبوب ماننے پر مجبور ہو جاتا ہے۔ دیکھئے تو میرؔ نے کس حسنِ خوبی سے ان کے حُسنِ کمال کا اعتراف کیا ہے ؎

خوگر نہیں کچھ یوں ہی ہم ریختہ گوئی کے
معشوق جو تھا اپنا، باشندہ دکن کا تھا

ولؔی خود بھی اپنے کمال سے واقف تھے جب ہی تو کس شان سے کہا ہے ؎

پڑھتے ہیں تیرے شعر ولؔی! عرش پہ قدسی
باہر ہے تری فکرِ رسا حدِّ بشر سوں

وجہیؔ و غواصیؔ

وجہیؔ قدیم دکھنی زبان میں اعلیٰ پایہ کے شاعر و مفکر تھے بڑی خوددار طبیعت پائی تھی۔ وہ خود اپنی حقیقی عظمت سے واقف تھے۔ دوسرے شعراء کو خاطر میں نہ لاتے تھے۔ اپنے ہم عصر شعراء میں غواصیؔ کی خوب ہجو کی ہے۔

وجہیؔ اپنی خصوصیت کے لحاظ سے دکن کا واحد ادیب ہے۔ اس کا موضوع خود اس کے دماغ کی پیداوار ہے۔ اکثر وہ اس بات پر فخر کرتے ہیں کہ دوسرے شعراء کی طرح میں نے دوسروں کے مضامین نہیں لیے۔ اُن کا اُسلوب نہایت پاکیزہ اور فطری ہے۔ بے لطف و رسمی خیالات سے وہ ہمیشہ بیگانہ ہی رہے،

وجہی محمد قلی قطب شاہ کے قدیم دوست و مقربِ خاص تھے۔ سلطان نے اپنی تخت نشینی کے بعد وجہی کو نہ صرف دربار میں جگہ دی بلکہ ملک الشعراء کے خطاب سے سرفراز کیا اور بہت بڑی تنخواہ مقرر کرکے "قطبِ مشتری" لکھنے کی فرمائش کی۔

"قطبِ مشتری" ایک بلند پایہ تصنیف ہے۔ اس کی زبان بڑی قدیم ہے، اُسلوبِ بیان دلکش ہے۔ یہ کتاب اس دور کے نہایت اہم کتابوں میں شمار کی جاتی ہے۔ غواصی اور نصرتی جیسے بڑے بڑے شعراء کی مثنویاں بھی اس کے آگے ماند پڑ جاتی ہیں۔ معلوم ہوا ہے کہ قطب مشتری کا ایک قلمی نسخہ انڈیا آفس لندن کی لائبریری میں موجود ہے۔ جو نہایت پاکیزہ و خوبصورت جلد سے مزین ہے۔ عجیب بات یہ ہے کہ اس بلند پایہ تصنیف کو وجہی نے صرف بارہ دن میں لکھا تھا۔ کتاب کے آخر میں شاعر نے اس کی تعریف اور تاریخ میں چند اشعار لکھے ہیں ؎

قطبِ مشتری میں جو بولیا کتاب سو ہوکر جگ میں جوں آفتاب

نشانی رکھے باج چار ان میں کہ دائم کوئی رہنے ہارا نہیں

یہ اشعار پڑھ کر آپ ہنسے ہوں گے۔ لیکن یہ مت بھولیے کہ یہ زبان آج سے تین سو برس پہلے کی ہے۔

"سب رس" بھی وجہی کی بلند پایہ تصنیف ہے۔ نظم میں "قطب مشتری" اور نثر میں "سب رس" وجہی کی شاہکار تصنیفات ہیں۔ قطب مشتری میں وہ ایک بلند پایہ شاعر ہے تو سب رس میں ایک اعلیٰ دماغ مفکر نظر آتا ہے۔ "سب رس" ایک مذہبی قصہ ہے۔ اس کے اداکاروں کے نام حُسن، عشق، عقل، دل، وغیرہ سب رس اُردو نثر کا اوّلین ادبی نمونہ ہے۔ اس کتاب میں وجہی نے زندگی کے اہم مسائل پر روشنی ڈالی ہے۔

غواصی بھی وجہی کی طرح بے حد مغرور شاعر تھے۔ ان کی بڑائی اور کمال کے اظہار کے لحاظ سے ان کی پہلی مثنوی بھی قطب مشتری سے کچھ کم نہیں ہے۔ اگرچہ کہ وہ کسی خاص شاعر کی ہجو نہیں کرتے لیکن ان کے حملے بڑے سخت ہوتے ہیں۔ غواصی بڑے غریب و نادار شخص تھے۔ مگر اپنے کمالِ فن کا حضرت کو غیرمعمولی احساس تھا۔ اس میں شک نہیں وہ اعلیٰ درجے کے بلند پایہ شاعر تھے۔ ان کی دو کتابیں بہت مشہور ہیں ایک قصۂ سیف الملوک۔

"بدیع الجمال" دوسرے "طوطی نامہ" پہلی کتاب ایک عشقیہ مثنوی ہے۔ جس میں ایک مغربی شہزادہ سیف الملوک اور ایک چینی شہزادی بدیع الجمال کی داستان محبت بیان کی گئی ہے۔ جو بہت مقبولِ خاص و عام ہے۔ ہندوستان کی اکثر زبانوں میں اس کے ترجمے ہوچکے ہیں۔ طوطی نامہ کی تصنیف کے بعد میاں غواصی کی شہرت بلندی پر پہنچ چکی تھی۔ اس کتاب کے مطالعہ سے غواصی کی قادر الکلامی کا ثبوت ملتا ہے۔ اس وقت تک یہ مغرور شاعر بہت کچھ بدل چکا تھا۔ وہ خود ستائی و غرور رخصت ہوچکے تھے۔ یہ عجب بات ہے کہ غواصی خوش حالی اور فارغ البالی کے دور سے زیادہ افلاس اور تنگ دستی ہی کے زمانے میں ایک اعلیٰ پایہ کا ادیب اور شاعر ثابت ہوئے۔

حضرت وجہی اور ملا غواصی ایک دوسرے کے ہمعصر تھے۔ اس وقت وجہی صاحب ایک معمر اور سنجیدہ شاعر تھے اور میاں غواصی نوجوان جوشیلے شاعر ــــ ملا وجہی کی ہمہ گیر شخصیت نے گولکنڈے میں سیکڑوں شاعر پیدا کردیئے تھے۔ ملک خوشنود جیسا باکمال شاعر بھی انہیں کا فیض یاب تھا۔ وہ پہلی دفعہ وجہی کے زمانۂ بیماری میں ان کی خدمت میں باریاب ہوا اور پھر ایسا گرویدہ ہوگیا کہ جہاں محل کے کاموں سے

ذرا بھی فرصت ہوئی کہ استاد وجہی کی خدمت میں موجود۔ ملک خوشنود گولکنڈے کی شہزادی کے اُن ایک سو ایک زرّین کمر غلاموں میں شامل تھا، جو شہزادی کے جہیز میں بھیجے گئے تھے۔ سلطان قلی قطب شاہ نے خوشنود کو وجہی کی بیماری کے زمانے میں اُن کی تیمارداری کے لیے بھیجا تھا۔ چند ہی دنوں کی صحبت نے اس میں شعر و سخن کا ایسا شوق پیدا کردیا کہ آخر کو وہ ایک بڑا شاعر کہلایا۔

وجہی و غواصی میں ایک زمانے تک چشمکیں چلتی رہیں غواصی یوں کھُلم کھلا تو کچھ نہ کہہ سکتے تھے۔ اندر ہی اندر سخت مخالفت رکھتے تھے۔ ایسی محفلوں میں جہاں وجہی نہ ہوتے' اپنے دِل کی بھڑاس نکال لیا کرتے تھے۔ لیکن مشاعروں وغیرہ میں اپنے حریف کے کلام پر ایک ہلکا سا اعتراض بھی نہ کر پاتے۔ ایک تو وجہی کی شخصیت کا رُعب' دوسرے بادشاہِ وقت کے استاد ہونے کا ادب و لحاظ ان کا دامن تھامے رہتا۔ گولکنڈے کا تالاب نما "کٹورا حوض" شہر کے وسط میں عجیب سیر کا مقام تھا جس کے چاروں کنارے شہر کے خوش باش اور صاحبِ ذوق عالموں کی مقبول تفریح گاہیں تھیں جس پر

ہر روز سر شام انشا پرداز، شاعر، اہلِ قلم جمع ہوتے اور اپنی دن بھر کی مصروفیات، پر تنقید و تبصرے کرتے رہتے۔ ہر بڑے شاعر کا ایک گروہ علٰحدہ علٰحدہ اس حوض کے کنارے جمع رہتا جس میں دو بڑے گروہ وجہی و غواصی کے تھے۔ میاں غواصی کے لیے اپنے حریف کے خلاف زہر اُگلنے کا یہاں خوب موقع ہاتھ آتا تھا۔ شیر ہو ہو کر باتیں بناتے اور وجہی کی خوب ہجو کرتے۔ وجہی کی قدر و منزلت، کی معراج و ملک الشُعرائی صرف محمد قلی کے دم تک تھی۔ کیونکہ محمد قطب شاہ کے عہد میں اُن کی جگہ غواصی نے لے لی۔ محمد قلی کی وفات کے بعد وجہی نے نہ صرف دربار بلکہ دیگر ادبی مجلسوں اور مشاعروں میں بھی آنا جانا ترک کردیا۔ یہ غواصی کے لیے ایک زرّین موقع تھا۔ ان کی اہمیت سلطان عبداللہ قطب شاہ کے زمانے میں ایسی بڑھی کہ وجہی کو مجبوراً شاعری ترک کرنی پڑی اور وہ "سب رس" لکھنے میں مصروف ہوگئے۔ بات یہ تھی کہ وجہی غواصی کی شاعری اور اُن کی بڑھتی ہوئی شہرت سے غافل نہ تھے۔ وہ جانتے تھے کہ اس شخص کے سامنے اپنی شہرت کا زیادہ دن قائم رکھنا کوئی آسان کام نہیں۔ سلطان عبداللہ قطب شاہ کے عہد میں غواصی کو نہ صرف دربار ہی میں جگہ ملی بلکہ ان کو اس عہد کا

ملک الشعراء بھی تسلیم کیا گیا۔

خدیجہ سلطانہ شہر بانو بیگم قطب شاہی خاندان کی شہزادی بیجاپوری سلطنت کی ملکہ، شعر و سخن کی بہت دلدادہ تھیں ملک خوشنود ان ہی کے جہیز میں آیا تھا، جب بیگم نے اس غلام میں شعر و سخن کی خاص چٹک پائی تو اس کو خواجہ سراؤں کے زمرے سے نکال کر شاعروں کے حلقے میں داخل کردیا اور اس کے ذریعہ اعلان عام کردیا کہ جو کوئی فارسی کتابوں کے بہترین اردو ترجمے کرکے ہماری بارگاہ میں پیش کرے گا، شاہی انعام و اکرام سے مالا مال کردیا جائے گا۔ بڑے بڑے عالموں نے مختلف کتابیں لکھیں لیکن ملک خوشنود کی کتاب "ہشت بہشت" ہی اس معرکہ میں اوّل آئی۔ وجہی کے اس معمولی شاگرد نے وہ نام پیدا کیا کہ حسب وعدہ انعام و اکرام کے علاوہ ملکہ کی عنایت و مہربانیوں کے باعث دربار کا ملک الشعراء بن گیا۔ ملکہ نے اس کو معہ تصنیف کے اپنے بھائی سلطان عبداللہ کے ہاں حیدرآباد بھجوا دیا۔ بادشاہ نے بہت تعظیم و تکریم کے ساتھ اس کے استقبال کی تیاریاں کیں۔ بیان کیا جاتا ہے کہ جب یہ حیدرآبادی غلام بیجاپور کے عالی شان ہاتھی پر شاندار عماری میں سوار اپنے وطن

واپس آرہا تھا تو یہاں کے بڑے اُمرا، وزراء عزت و احترام کے ساتھ استقبال کرکے ایک پُرشکوہ جلوس میں لارہے تھے۔ کسی کو خیال تک نہ آسکتا تھا کہ یہ وہی غلام ہے، جو شہزادی کی پالکی کے ساتھ بیجاپور تک پیدل بھاگتا ہوا گیا تھا۔ بادشاہ نے اپنے ملک الشعراء غواصی کو بھی حکم دیا کہ وہ بھی اس کے استقبال کو جائیں۔ لیکن حضرت غواصی نے ایک زرّین کمر غلام کے استقبال کو، جو اپنے قدیم رقیب وجہی کے شاگردوں میں سے ہو، اپنے شایانِ شان نہ سمجھا۔ بادشاہ نے اپنی بہن کے درباری ملک الشعراء کے لیے ایک عظیم الشان مشاعرہ ترتیب دیا۔ اب تو جنابِ غواصی کو بھی مجبوراً شرکت کرنی پڑی۔ ملک خوشنود نے بادشاہ کی تعریف میں ایسا اچھا قصیدہ پڑھا کہ سارا دربار محوِ حیرت ہوگیا۔ اب غواصی کو معلوم ہوگیا کہ زرّین کمر غلام ہی نہیں بلکہ وجہی کی معمولی توجہ نے اس کو ایک بلند پایہ شاعر اور ایک قابل قدر مدبّر بنا دیا اس کے بعد غواصی نے ملک خوشنود کی ڈیوڑھی پر آکر ان سے ملاقات کی۔ ملک خوشنود کے اخلاق، تعظیم و تکریم سے بوڑھے غواصی اس قدر خوش ہوئے کہ تنہائی میں اپنے استقبال کو نہ آنے کی

ان سے معافی چاہی۔ اس بوڑھے ملک الشعراء اور اپنے استاد کے حریفِ مقابل کی اس مخلصانہ حرکت کا ملک خوشنود پر بڑا اچھا اثر ہوا۔ انھوں نے غواصی کو بیجاپور آنے کی دعوت دی۔ غواصی فوراً راضی ہوگئے۔ بیجا پور میں غواصی کی بہت آؤ بھگت ہوئی۔ بڑی مدارات کے ساتھ رکھا گیا۔ جب وہاں سے واپس ہونے لگے تو محمد عادل شاہ نے عالی شان ہاتھی، عراقی گھوڑے، بیش بہا ساز و سامان سے بھرے ہوئے دو صندوق بطورِ تحفہ ان کے ساتھ روانہ کیے۔

محمد قلی قطب شاہ

شہر حیدرآباد سلطنتِ آصفیہ کا پایہ تخت تھا۔ حیدرآباد اپنی آبادی، تہذیب و تمدن کے لحاظ سے ہندوستان بھر کے تمام مشہور شہروں میں دہلی، کلکتہ، بمبئی، مدراس کے بعد سب سے بڑا شہر شمار کیا جاتا ہے۔ لیکن آپ کو یہ معلوم کرکے حیرت ہوگی آج سے چار سو برس پہلے اسی خطۂ زمین پر جہاں آج عابد روڈ، پتھرگٹی کے خوبصورت بازار، بلند و بالا شاندار عمارتیں نظر آتی ہیں، وہیں کبھی ایک گھنا جنگل تھا۔ اور ٹھیک اسی مقام پر جہاں آج چارمینار کی پُر جلال عمارت کھڑی ہے، ایک دیہاتی لڑکی کا مکان تھا، جو گانے کے فن میں مہارت رکھتی تھی۔ اس کے گھر کے اطراف ایک بستی آباد تھی جس کو موضع چنچلم کہتے تھے ـــــ پھر یہ گھنا جنگل کس طرح ایک عالیشان اور

بارونق شہر میں تبدیل ہوگیا! یہ معلوم کرنے کے لیے آپ کو محمد قلی اور اس کے کچھ حالات سے واقف ہونا پڑے گا۔

محمّد قلی قطب شاہ، قطب شاہی سلطنت کا چوتھا بادشاہ تھا۔ اپنے باپ ابراہیم قطب شاہ کی وفات کے بعد ۱۵۸۰ء میں تخت نشین ہوا جبکہ اُس کی عمر مشکل سے کوئی چودہ برس کی ہوگی۔ بچپن ہی سے صاحبزادے شاعر مزاج اور رنگیلی طبیعت کے واقع ہوئے تھے۔ یہی وجہ تھی کہ وہ علم و فضل میں اپنے دوسرے بھائیوں سے کسی قدر پیچھے ہی رہ گئے تھے۔ ان کے بڑے بھائی ایک عالم و فاضل انسان تھے۔ دوسرے اور بھائیوں کا بھی یہی حال تھا۔ شکار کھیلا کرتے، تماشے دیکھتے اور رنگ رلیاں منایا کرتے تھے۔ اپنے ایک شعر میں اس کا اعتراف بھی کیا ہے کہ "میرے استاد مجھے علم و فضل کی تعلیم دینا چاہتے تھے، حالانکہ میں تو ازل ہی سے عشق کے لیے پیدا کیا گیا ہوں"۔ حقیقت بھی یہی ہے کہ محمد قلی کو فطرت نے شاعر بنا کر پیدا کیا تھا، اور بچپن ہی سے شعر و سخن کی ایک خاص چٹک اس میں موجود تھی۔ اپنے اس ذوق کے سبب لڑکپن کے ابتدائی زمانے ہی میں اس نے فارسی شعراء کے کلام کا بھی خوب مطالعہ کیا تھا۔

دیوانِ حافظ کو تو گویا حفظ کرلیا تھا بلکہ اس کے بیسوں اشعار کے اس نے اردو میں نہایت پاکیزہ ترجمے بھی کیے ہیں۔ محمد قلی قطب شاہ اُردو کا پہلا صاحبِ دیوان شاعر ہے۔

سوداؔ، میرؔ، غالبؔ اور انیسؔ بلاشبہ اساتذۂ سخن ہیں، لیکن ان تمام شعراء کی دوڑ دھوپ اپنی ایک مخصوص صنفِ سخن کی حد تک ہے۔ مگر محمد قلی میں ایک ہی وقت میں بے شمار صلاحیتیں نظر آتی ہیں۔ اس نے غزل بھی لکھی، قصیدہ، مرثیہ، حمد، نعت، منقبت اور نظمیں بھی لکھیں۔ تعجب اس بات پر ہوتا ہے کہ بادشاہِ وقت ہونے کے باوجود وہ عوامی زندگی سے بھی بہت قریب تھا۔ محمد قلی کا کُلیّات، اشعار کا مجموعہ ہی نہیں بلکہ اپنے عہد کی زندگی کی تصاویر کا ایک زبردست البم ہے، وہ ایک آرٹ گیلری ہے، جس میں سولہویں صدی کی پُرشکوہ دکنی زندگی محفوظ ہے۔

محمد قلی کی شاعری میں اپنے زمانے کی سیاست کا بھی ذکر ہے اور اس دَور کے مذہبی میلانات کا بھی۔ اس نے تہواروں اور عیدوں کی تصویریں بھی کھینچی ہیں۔ اس کے علاوہ اپنے زمانے کے کھیلوں، پھلوں

پھولوں، لباس، زیورات، محلوں کی آرائش اور رسم و رواج کے مرقعے اپنی نظموں میں پیش کردیئے ہیں۔ غرض اس عہد کی زندگی کا کوئی رخ ایسا نہیں ہے جس کو اس شاعر کی آنکھوں نے نہ دیکھا ہو اور اس کی جیتی جاگتی تصویریں اپنے کلام میں نہ کھینچی ہوں۔ خود اُن کی خانگی اور محلاتی زندگی کا کوئی رُخ ایسا نہیں جس کے نقوش اپنے دیوان میں نہ چھوڑے ہوں۔ محمد قلی اپنے زمانے کا نہایت مقبول شاعر تھا۔ اس کی نظمیں اور غزلیں آن کی آن میں ہاتھوں ہاتھ سارے شہر میں عام ہوجاتیں۔ گانے والیاں سازوں پر اس کی غزلیں گا کر محفل کو مسرور کیا کرتے اور گلیوں میں لڑکے اس کے اشعار گنگناتے پھرا کرتے تھے۔

محمد قلی، شعراء و مصنفین کا قدرداں، ہمدرد سرپرست تھا۔ وجہی کو اس نے اپنے دربار کا ملک الشعراء مقرر کیا تھا جو قدیم دکھنی اُردو کا سب سے بڑا ادیب اور بہت بڑا شاعر گزرا ہے۔ محمد قلی کی فرمائش پر وجہی نے ایک مثنوی "قطب مشتری" لکھی۔ یہ مثنوی اُردو ادب کی چوٹی کی مثنویوں میں شمار کی جاتی ہے۔

باوجود عیش و عشرت کی زندگی بسر کرنے کے محمد قلی ایک مذہبی آدمی تھا۔ محرم میں سیاہ لباس پہنتا تھا اور مجالس کرتا ـــــ نوحے،

مرثیے لکھتا تھا۔ رمضان کے مہینے میں بھی اس کی زندگی زہد و عبادت میں گزرتی وہ اس بات پر فخر کرتا ہے کہ اس کا نام محمد قلی ہے یعنی "محمدؐ کا غلام" ہے۔ اور کہتا ہے کہ دوسرے بادشاہ اپنی سلطنت و شان و شوکت پر فخر کرتے ہیں۔ لیکن مجھ کو اگر کسی چیز پر ناز ہے تو اس کا کہ میں محمدؐ کا غلام ہوں۔ ایک اچھے مذہبی انسان کی طرح دوسرے مذاہب کی قدر کرتا تھا۔ وہ حد درجہ رحمدل بادشاہ تھا۔ اپنی ساری عمر میں اس نے کبھی کسی شخص کے قتل کا حکم نہیں دیا۔ وہ فطرتاً صلح پسند واقع ہوا تھا۔ اپنی رعایا کے امن و امان اور سکون و اطمینان کو ہر چیز پر مقدم رکھتا تھا۔ یہی وجہ ہے کہ اس نے اپنے زمانے میں کبھی حریف سلطنتوں سے جنگ نہیں کی۔

محمد قلی کی ایک بیٹی تھی، جس کا نام حیات بخشی بیگم تھا۔ حیات بخشی بیگم نے دکھن کی تاریخ میں خاص نام پیدا کیا۔ اپنی اس چہیتی بیٹی کی شادی محمد قلی نے بڑے ہی چاؤ و ارمان سے کی تھی۔ اس خوشی میں شہر کی زیبائش و آرائش کا ذکر اس کے زمانے کے اکثر مورخوں نے بھی کیا ہے۔ دنیا کے اکثر بڑے بڑے ممالک کے شہزادے اور شاہی خاندان کے افراد اس تقریب میں مدعو کیے گئے تھے۔

یوں تو اس شاعر مزاج بادشاہ کی زندگی سراپا حُسن و عشق تھی۔ اپنے دیوان میں اس نے اپنی بے شمار حسیناؤں کے نام بتلائے ہیں، لیکن بھاگ متی کا واقعہ محمد قلی کی زندگی میں خاص اہمیت رکھتا ہے۔ بھاگ متی سے اس کی محبّت کا حال ایک دلچسپ داستان ہے — کہا جاتا ہے کہ محمد قلی ابھی چودہ، پندرہ برس ہی کا تھا کہ ایک روز موضع چچلم میں شکار کھیلنے گیا۔ وہیں کہیں اس نے ایک لڑکی کو رقص کرتے دیکھ لیا اور دیوانہ ہو بیٹھا — بھاگ متی ایک کمسن بھولی بھالی تلنگن تھی جس کو بچپن ہی سے ناچ کی تعلیم دی گئی تھی۔ وہ دیہات میں اپنی ماں کے ساتھ رہتی تھی۔ شہزادہ شکار وغیرہ کے بہلنے بھاگا بھاگا چچلم جاتا اور وقت کا بیشتر حصّہ بھاگ متی کی صحبت میں گزارتا۔ لاڈلے کے ماں باپ کو خبر لگی۔ انھوں نے طرح طرح کے جتن کیے کہ وہ بھاگ متی کا خیال چھوڑ دے۔ لیکن اس کی آنکھیں چچلم کی اس بھولی بھالی رقاصہ ہی کی تلاش کرتی رہیں۔

ایک رات زور دار بارش ہو رہی تھی اور موسی ندی میں طغیانی آئی ہوئی تھی۔ شہزادۂ محمد قلی کو اپنی محبوبہ کی یاد آگئی۔ اور وہ آؤ دیکھا نہ تاؤ ایک دو ساتھیوں کو لے کر ہاتھی پر سوار ندی کی طرف چل پڑا

محل کے پہرہ دار بہت گھبرائے۔ ابھی وہ ایک دوسرے کو اس کی اطلاع دے کر مدد کے لیے بُلا ہی رہے تھے کہ ہاتھی ندی پر پہنچ گیا۔۔۔ جب پانی میں اترا تو اس کے قدم رُک گئے۔ محمد قلی نے بہت آنکس لگائے لیکن ہاتھی نے اُن طوفانی موجوں کا مقابلہ کرنے سے انکار کر دیا۔۔۔ محمد قلی فوراً ہاتھی سے اترا، ایک سپاہی کے گھوڑے پر سوار ہوا اور ندی میں کود گیا اور گھوڑے کو جیسے ہی ایڑ لگائی گھوڑا کشتی کی طرح تیرتا ہوا نکل گیا اور بھاگ متی کے دروازے پر پہنچ کر دم لیا۔۔۔ بادشاہ کو شہزادے کی اس خطرناک جسارت کی خبر اس وقت ہوئی جب وہ خطرے سے باہر ہو چکا تھا۔۔۔ بادشاہ نے اسی دن ندی پر ایک پُل بنانے کا حکم دیا۔۔۔ تاکہ نوجوان شہزادہ پھر کبھی ایسی خطرناک جُرات پر مجبور نہ ہوجائے۔۔۔ یہ وہی پُل ہے جو آج "پُرانے پُل" کے نام سے مشہور ہے۔

اپنے باپ ابراہیم قطب شاہ کے انتقال کے بعد جب محمد قلی بادشاہ ہوا تو بھاگ متی ایک ہزار سواروں کے ساتھ روز دربار میں آیا کرتی تھی۔۔۔ جب بادشاہ نے بھاگ متی سے شادی کرلی تو اپنی رفیقۂ حیات کی محبت میں اس کے وطن

کہ ایک شہر بنانے کی ٹھان لی اور بھاگ متی کے نام پر اس شہر کا نام بھاگ نگر رکھا۔ بعد میں جب بھاگ متی کو "حیدر محل" کا خطاب ملا تو شہر کا نام بھی بدل کر "حیدرآباد" کردیا گیا۔ اسی لیے اس کو شہرِ محبّت بھی کہا جاتا ہے۔

میر حسن

ولادت ۱۷۳۶ء وفات ۱۷۸۶ء

میر حسن دہلی میں پیدا ہوئے۔ اُن کے والد ایک بڑے عالم اور شاعر تھے۔ والد کی نگرانی میں تعلیم و تربیت پائی۔ ہنس مکھ، شگفتہ مزاج ظریف الطبع اور مہذب آدمی تھے۔ شاعری کا ذوق ورثے میں ملا تھا لڑکپن ہی سے شعر و شاعری سے انھیں خاص لگاؤ تھا۔ ابتداً والد سے اصلاح لیتے رہے۔ بعد کو کسی اور کے شاگرد ہوگئے۔ ان کا وطن تو دہلی تھا، مگر عالمِ شباب میں والد کے ساتھ لکھنؤ آئے اور پھر یہیں کے ہوکر رہ گئے۔ سحرالبیان نہ صرف، میر حسن کی بلکہ اس دَور کی شاہکار تصنیف سمجھی جاتی ہے۔ اس مثنوی میں ایک عشقیہ داستان بیان کی گئی ہے، جو ایک شہزادے بے نظیر اور شہزادی بدرِ منیر کی محبت کا احوال ہے۔ یوں

تو اُردو زبان میں بڑی بڑی مثنویاں لکھی جا چکی ہیں، میرؔ اور مومنؔ جیسے شعراء نے بھی باکمال مثنویاں لکھی ہیں لیکن "سحرالبیان" کی نظیر نہیں مل سکتی۔

شاعری کی عظمت کا اندازہ کرنے کے لیے جہاں بہت سے معیار ہیں، وہیں ایک معیار یہ بھی ہے کہ یہ دیکھا جائے کہ شاعر ہم کو اپنی بیرونی فضا سے کھینچ کر اپنی مخصوص فضا میں لے جانے میں کامیاب ہو سکتا ہے، وہ کس حد تک ہم کو اس عالم میں محو کر سکتا ہے۔ جس میں وہ خود محو ہے۔ اور کس حد تک وہ ہم پر اس کیفیت اور اُس فضا کو طاری کر سکتا ہے جو خود اس پر طاری ہے اور جس کے اظہار کے لیے اس نے شعر کہا ہے۔ میر حسن کی مثنوی اس معیار پر پوری اترتی ہے۔۔۔ سحرالبیان کو پڑھنے سے یہ معلوم ہوتا ہے گویا ہم اسی دنیا کا سفر کر رہے ہیں۔ کبھی پریوں اور جنوں کی دنیا میں خود کو محسوس کرنے لگتے ہیں۔۔۔ کبھی خود کو اسی سنسان جنگل کی چاندنی رات میں محسوس کرنے لگتے ہیں، جہاں میرؔ حسن کی جوگن بیٹھ کر بین بجاتی ہے اور اس کی ان سُنی بین کی آواز کانوں میں گونجنے لگتی ہے، کبھی ہم اُن کے شاہی محلات اور اُن کے شان و شکوہ کو آنکھوں سے دیکھنے لگتے ہیں اور کبھی خانۂ باغ کی اُن حسین فضاؤں

میں کھو جاتے ہیں، جن کے دلکش مناظر عطر بیز فضائیں، اس مثنوی کے الفاظ سے پھوٹ کر مہکتی ہوئی محسوس ہوتی ہیں ۔ پھر ان تمام خوبیوں کے باوجود سادگی وسلاست اس مثنوی کی بڑی خوبی ہے اور یہ بھی کسی شاعر کی عظمت کو جانچنے کا ایک معیار بتلایا گیا ہے ۔

اس مثنوی کے قصے کو مختصر الفاظ میں ہم یہاں بیان کرتے ہیں ۔ جس کو پڑھنے کے بعد یقیناً آپ اس کتاب کو منگوا کر پڑھنے پر مجبور ہو جائیں گے ۔ میر حسن

جیسے قادرالکلام شاعر نے بڑی ہی محنت و کاوش کے بعد اسے لکھا ہے قصے کے آخر میں خود شاعر نے اس کی تعریف میں چند اشعار لکھے ہیں ؎

نہیں مثنوی، یہ ہے اک پھلجھڑی مسلسل ہے موتی کی گویا لڑی
نئی طرز ہے اور نئی ہے زباں نہیں مثنوی ہے یہ سحر البیاں
جوانی میں ہوگیا ہوں میں پیر تب ایسے ہوئے ہیں سخن بے نظیر
غرض جس نے اس کو سنا یہ کہا حسنؔ! آفریں مرحبا مرحبا

ہاں تو یہ قصہ یوں شروع ہوتا ہے :

کسی ملک میں ایک شہنشاہ رہتا تھا۔ بڑی منتوں ومرادوں کے

بعد اس کے ہاں ایک چاند سا بیٹا پیدا ہوا۔ اُس کا نام تھا — بے نظیر نجومیوں نے تاکید کی کہ بارہ برس تک اس شہزادے کو بند محل میں رکھنا چاہیے ورنہ اندیشہ ہے کوئی جن یا پری اِس کو اُڑا نہ لے جائے — بادشاہ نے شہزادے کے لیے ایک عظیم الشان محل تیار کروایا، جس میں بے نظیر پرورش پاتا رہا۔ بچپن ہی سے اس کو لکھا پڑھا کر ہر فن میں ایسا ماہر کیا گیا کہ کمسنی ہی میں وہ ہر علم و فن میں بے نظیر ہوگیا۔ بارہ برس بعد بڑی ہی شان و شوکت کے ساتھ شہر میں شہزادے کی سواری نکلی۔ بے نظیر شہزادے کو دیکھ کر رعایا کی آنکھوں میں نور اور دل میں سُرور پیدا ہوا۔ دن بھر کا تھکا ہارا شہزادہ رات ہوئی تو کھلی چاندنی پر سوگیا۔ جڑاؤ مسہری اور ریشم کے زرّین بستر میں شہزادہ حسین لگ رہا تھا۔ سارا عالم خوابِ غفلت میں تھا، لیکن آسمان پر ایک بدرِ کامل تھا جو اُس سوئے ہوئے حُسن کے دیدار میں محو تھا۔ اتفاق دیکھئے کہ ایک پری کا اُدھر سے گزر ہوا۔ جیسے ہی اُس کی نظر شہزادے پر پڑی، وہ فریفتہ ہوگئی اور اسے مع پلنگ اٹھا کر پرستان کی طرف لے اُڑی۔ صبح ہوتے ہوتے شہزادے کے غائب ہوجانے کی خبر سارے ملک میں پھیل گئی۔

فرطِ غم سے ماں باپ کا بُرا حال تھا۔ پری نے بے نظیر کو لے جاکر ایک شاندار محل میں اُتارا۔ اس کے لیے خاص اہتمام کیے صبح جب آنکھ کھلی تو بے نظیر حیران تھا۔ سامنے ایک پری کو کھڑی ہوئی دیکھ کر پوچھا: "میں کہاں ہوں" تم کون ہو؟" پری نے حقیقت بیان کی۔ اور اپنی محبت جتاتے ہوئے کہا، اب اس گھر کو اپنا گھر سمجھو اور مجھے اپنا سچا دوست جانو ــــ بے نظیر مایوس ہو کر خاموش ہو رہا۔ کئی دن اسی طرح گزر گئے۔ ماہ رُخ پری ہر رات اپنے والد سے ملنے جایا کرتی تھی۔ بے نظیر جو تنہائی سے گھبرانے لگا تو ماہ رُخ نے اس کو ایک جادو کا گھوڑا دیا اور کہا کہ تم رات بھر جہاں چاہو اس پر سوار ہو کر سیر کرو۔ لیکن سحر ہونے سے پہلے واپس آجانا ورنہ پچھتاؤ گے۔ اب بے نظیر کے مزے تھے۔ ہر شام جادو کے گھوڑے پر سوار ہو کر نکل جاتا اور مختلف مقامات کی سیر کرتا ہوا صبح صبح واپس آجاتا۔ ایک رات اس کا گزر ایک عالی شان محل پر ہوا جہاں ایک نہایت ہی خوبصورت باغ تھا۔ باغ کیا تھا، جنت کا دھوکا ہوتا تھا ــــ بے نظیر بے کھٹکے وہاں اتر پڑا۔ چاندنی چھٹکی ہوئی تھی۔ کیا دیکھتا ہے کہ ایک خوب صورت حوض کے کنارے ایک نہر میں شفاف پانی چمک رہا ہے اور اس کے

قریب ایک نہایت ہی حسین و جمیل لڑکی اپنی سہیلیوں کے ساتھ محوِ تماشہ ہے۔ یہ ایک شہزادی تھی، جو ایک بہت بڑے بادشاہ کی بیٹی تھی۔ اس کا نام بدر منیر تھا۔ اس کی شوخ و شریر سہیلیاں ہنسی مذاق میں مصروف تھیں۔ اچانک کسی کی نظر پھولوں کے جھنڈ سے گزر کر شہزادے پر جا پڑی۔ آپس میں چہ میگوئیاں ہونے لگیں کہ یہاں کوئی ہے؟ —— سب سہیلیاں وہاں پہنچیں، جہاں شہزادہ چھپا تھا۔ انھیں دیکھ کر بے نظیر آفتاب کی طرح اس جھنڈ سے نکل آیا۔ تب وہ سب چلّا اٹھیں کہ اے ہے! یہ تو کوئی مردوا ہے!؟ ایک نے کہا یہ کوئی انسان نہیں ہو سکتا —— غرض سب اس کے حُسن کو دیکھ کر غش غش کرنے لگیں۔ جب شہزادی کو خبر ہوی تو وہ بھی تماشہ دیکھنے آگے بڑھی۔ کیا دیکھتی ہے کہ ایک حسین نوجوان بے خودی کے عالم میں کھڑا اسی کو گھور رہا ہے۔ جیسے ہی نظریں چار ہوئیں دونوں غش کھا کر گر پڑے۔ اِدھر شہزادۂ بے نظیر، اُدھر شہزادی بدر منیر —— سہیلیاں پریشان ہوگئیں۔ وزیرزادی نجم النسا شہزادی کی خاص سہیلی تھی، گلاب لے کر آگئی دونوں پر چھڑکا، دونوں ہوش میں آگئے۔ باہر لا بٹھایا۔ سب مل کر خوش ہوے۔ شہزادے نے اپنی مصیبت کی داستان سنائی اور دوسرے روز آنے کا وعدہ کر کے چلا گیا۔ شہزادہ

ہر رات آتا اور صبح ہونے سے پہلے چلا جاتا۔ دو چار دن میں ہی پری کو اس راز کی خبر لگ گئی۔ اس نے غیض و غضب میں آ کر شہزادے کو ایک تنگ و تاریک کنویں میں قید کر دیا۔ شہزادے کا بُرا حال تھا۔ وہ دن رات اسی کنویں میں پڑا رہتا۔ شہزادی بدر منیر، بے نظیر کی جُدائی سے بہت پریشان تھی۔ اس نے کھانا پینا حرام کرلیا۔ اور رات دن روتی رہتی تھی۔ ایک رات شہزادی سوتے سے جاگ اُٹھی اور رونے لگی، اپنی سہیلی نجم النساء سے کہا میں نے ابھی ابھی خواب دیکھا ہے کہ شہزادہ بے نظیر کسی تاریک کنویں میں ہے اور رو رہا ہے۔ نجم النساء اپنی سہیلی کی آہ وزاری دیکھ کر اس قدر بے قرار ہوی کہ اسی وقت جوگن کا بھیس بدل، ایک بین ہاتھ میں لے، شہزادے کی کھوج میں چل پڑی۔ اس کی بین بجانے میں وہ تاثیر تھی کہ ؎

جہاں بیٹھ کر وہ بجاتی تھی بین تو سننے کو آتے تھے آہوئے چین

اتفاق سے جنوں کے شہزادے فیروز شاہ کا اُدھر سے گزر ہوا وہ دیوانہ وار اس کی بین کا فریفتہ ہوگیا اور اس کو اُڑا کر پرستان لے گیا۔ پرستان کا ہر جن و پری اس کی بین کے دیوانے ہوگئے

فیروز شاہ نے ایک دن نجم النساء جوگن سے اپنی محبت کا حال کہہ سنایا۔ جوگن بےنیازی برتنے لگی اور کہا تم جن ہم انسان دونوں کا کیا میل؟ فیروز شاہ نے بڑی منت کی اور کہا میں تمہاری ہر شرط ماننے تیار ہوں۔ تو نجم النساء نے شہزادے بے نظیر اور شہزادی بدرِمنیر کی پوری داستانِ محبت کہہ سنائی اور شہزادے کی قید کا حال اور شہزادی کی بےقراری اور اپنا تڑپ کر گھر سے نکل پڑنا سب بیان کردیا اور بولی "اگر شہزادے کو قید سے چھڑالو، تو پھر ہم کو اپنا جانو" اتنا سننا تھا کہ فیروز شاہ ماہ رُخ پری پر بہت غصہ کرنے لگا۔ اور اپنے جنوں کو بلا کر حکم دیا کہ اسی وقت ماہ رُخ کے قیدی شہزادے کی خبر لاؤ۔ بڑے بڑے جن اور پریاں اسی وقت اپنے دراز پروں کو کھول کر ہوا میں ہوا ہوگئے۔ ایک جن کا گزر اسی کنویں پر ہوا۔ اندر سے آنے والی آہ و بکا کی آواز سے وہ کانپ اٹھا اور سمجھ گیا کہ ماہ رُخ کا قیدی یہیں ہے۔ فیروز شاہ نے ماہ رُخ پری کو لکھا کہ "اپنی جان کی خیر چاہتی ہے تو فوراً اس قیدی کو آزاد کر اور احترام کے ساتھ ہمارے حضور میں پہنچا" ماہ رُخ اس حکم نامہ کو دیکھتے ہی کانپ اٹھی۔ اُسی وقت شہزادے کو آزاد کر کے، عزت اور احترام

کے ساتھ بادشاہ کے محل میں بھیج دیا۔ بے نظیر مصیبتیں اٹھا کر ادھ موا ہو چکا تھا۔ پھر بھی نجم النساء کو دیکھ کر شہزادے کی آنکھوں میں آنسو بھر آئے۔ اس کا شکریہ ادا کیا اور اسی وقت تینوں مل کر جادو کے گھوڑوں پر سوار بدر منیر کے باغ میں پہنچ گئے۔ بدر منیر درد و غم کی تصویر بنی ایک جگہ بیٹھی ہوئی تھی۔ نجم النساء دوڑ کر لپٹ گئی اور سارے واقعات سنے۔ بدر منیر کے اس اُجڑے محل میں پھر سے رونق آگئی، کیونکہ یہ چاروں دوست ایک جگہ جمع ہوگئے تھے۔ بے نظیر اپنے ماں باپ سے جا ملا۔ دونوں بادشاہوں نے مل کر بڑی دھوم دھام سے دونوں کی شادی کردی۔ اس کے بعد بے نظیر و بدر منیر کے اصرار پر نجم النساء اور فیروز شاہ کی بھی شادی ہوگئی۔

میر تقی میرؔ

ولادت ۱۷۲۴ء وفات ۱۸۱۰ء

غزل اُردو شاعری کی ایک اہم ترین صنف ہے۔ اور غزل کا بہترین شاعر میر تقی میرؔ ہے۔ بڑے بڑے غزل گو شاعر میرؔ کو غزل کا بادشاہ تسلیم کرتے ہیں۔

بڑے بڑے شاعروں نے میرؔ کی تتبع کرنے کی کوشش میں اپنا سر کھپایا۔ لیکن حقیقت یہ ہے کہ ان میں سے کوئی بھی میرؔ کی ہوا کو بھی نہ پہنچ سکا۔ آخر ذوقؔ نے کہہ دیا ہے ؎

نہ ہوا پر نہ ہوا میرؔ کا انداز نصیب ذوقؔ! یاروں نے بہت زور غزل میں مارا

میر تقی نام تھا، میرؔ تخلص کرتے تھے۔ والد اک باکمال بزرگ تھے۔ میرؔ اکبر آباد میں پیدا ہوئے۔ ابتدائی تعلیم و تربیت والد سے حاصل

کی۔ ان کو اپنے والد سے غیر معمولی محبت تھی۔ خود انھیں کا بیان ہے کہ ان کی عمر بارہ برس کی ہوگی جبکہ والد کا انتقال ہوا۔ اس صدمۂ جانگداز سے ان کی حالت ایک دیوانے کی سی ہوگئی اور یہیں سے ان کی نہ ختم ہونے والی مصیبتوں کا آغاز ہوا۔ یہی وجہ ہے کہ ان کی ابتدائی تعلیم خاطر خواہ نہ ہوسکی۔ اپنے زمانۂ طالب علمی کا ایک واقعہ میرؔ اپنے تذکرے میں یوں لکھتے ہیں ـــــ کہ ایک روز میں کتب فروش کی دُکان پر بیٹھا ہوا تھا۔ اس وقت کے ایک بڑے عالم جن کو میں جانتا بھی نہ تھا، ادھر سے گزرے۔ مجھے دیکھ کر رُک گئے۔ کچھ سوچ کر میرے قریب آئے اور کہنے لگے تمہاری صورت سے معلوم ہوتا ہے کہ علم کے بڑے شوقین ہو۔ اگر میرا یہ قیاس صحیح ہے تو سمجھ لو کہ میں تم کو پڑھانے آیا ہوں اور شوق سے تمہاری خدمت کرنے تیار ہوں ـــ میرؔ صاحب نے ان کی شاگردی قبول کرلی۔ مگر چند دنوں بعد یہ سلسلہ ختم ہوگیا۔

والد کی وفات کے بعد بچپن ہی میں مصائب کا پہاڑ ان پر ٹوٹ پڑا۔ ان کے والد محمد تقی نے بستر مرگ پر اپنے دونوں بیٹوں کو بلایا اور کہنے لگے ـــ "میرے بچو! تم جانتے ہو کہ میں فقیر

ہوں۔ کوئی جائداد ہے نہ مال و دولت۔ صرف تین سو جلد کتابیں چھوڑے جا رہا ہوں۔ جس کے تم دونوں مالک ہو۔" میر صاحب کے بڑے بھائی چالاک شخص تھے۔ کہنے لگے: "ابا جان! آپ جانتے ہیں کہ میر تقی ابھی لڑکا ہے، میں طالبِ علم ہوں، کتابیں صرف میرے ہی کام آسکتی ہیں—" وہ صاحبزادے کی بدنیتی کو سمجھ گئے اور کہا میر تقی غیور ہے تمہارا دستِ نگر کبھی نہ ہوگا، تمہارا چراغ اس کے آگے کبھی نہیں جل سکتا۔ اس کو ستاؤگے تو بُرا کروگے۔

مشفق باپ کے انتقال کے بعد میر پر قیامت ٹوٹ پڑی اس طرح لڑکپن ہی سے میر کا دل درد و غم کی آماجگاہ بنتا رہا اور پھر اسی غم نے غمِ روزگار کی شکل اختیار کرلی، تو کبھی غمِ عشق کی صورت میں میر کا رفیق بنا رہا۔ غرض غم نے تمام عمر ان کا دامن نہ چھوڑا۔ درد و غم کے یہی تجربات تھے، جنھوں نے شاعر کے شعور کو معمور رکھا داستانِ غم کے یہی ٹکڑے ہیں جنھوں نے دل میں اتر جانے والے نشتروں کی شکل میں، میر کی غزلوں میں اپنے اظہار کا راستہ نکالا ہے۔ اسی لیے اُردو کے اس شاعرِ عظیم نے انسان کو "غمِ مجسم" اور دنیا کو ایک "غم کدہ" سے تعبیر کیا ہے۔

اسی زمانے میں وہ دہلی چلے آئے اور یہیں ان کی شاعری کو شہرت کو پر لگنے شروع ہوئے۔ غمِ روزگار کے مزے تو شاعر نے کثر چکھے تھے۔ لیکن غمِ عشق نے بھی دل کی دنیا بدل ڈالی۔ دِل کا یہ زخم عمر بھر ناسور بن کر رہ گیا۔ حقیقت یہ ہے کہ محبت کے اس عمیق تجربے نے میؔر کو اردو کا سب سے بڑا غزل گو شاعر بنا کر چھوڑا۔ ان کا سارا دیوان درد و الم، حزن و ملال کے احساسات سے بھرا پڑا ہے۔ کلام پڑھیئے تو کسی کا یہ قول بالکل صحیح معلوم ہوتا ہے کہ "میؔر صرف رونے اور رُلانے کے لیے پیدا کیا گیا تھا" اس کا ہر شعر ایک چلتے ہوئے تیر کی طرح دل کی گہرائیوں میں اتر جاتا ہے۔ میؔر کی زبان نہایت سادہ وسلیس اور لفظی یا معنوی تصنع سے عاری ہے۔ ایسا معلوم ہوتا ہے کہ ایک دل دکھا شخص، یاس و انسردگی کے عالم میں سادہ و مختصر ترین الفاظ میں، نہایت ہی خاموشی کے ساتھ اپنی داستان کے ٹکڑے سنا رہا ہے۔ اگرچہ کہ اس کی زبان اور اس کے اسلوب بیان میں کسی قسم کا تصنع نہیں۔ لیکن سننے والوں کا دِل اُمنڈ اُمنڈ آتا ہے۔

ایک جگہ کہا ہے ؎

روتے پھرتے ہیں ساری ساری رات
اب یہی روزگار ہے اپنا!

سچ تو یہ ہے کہ راتیں ہی نہیں اس غم نصیب انسان نے ساری عمر رو رو کر کاٹی ہے۔

میرؔ دراز قد، لاغر اندام تھے۔ گندمی رنگ، شائستہ اطوار آنکھیں خودداری کے نشے سے بوجھل، نہایت سنجیدہ اور متین غیرت اور شرافت کی صفات نے ان میں ایک زبردست کردار کی تخلیق کی تھی۔ اپنی عظمت کا خود انھیں بھی پورا پورا احساس تھا۔ کسی کی خوشامد تو درکنار نوکری کے نام کو بھی برداشت نہیں کرسکتے تھے۔ زمانے کے ہاتھوں ستائے ہوئے تھے۔

دہلی کے اُجڑ جانے کے بعد جب پہلی دفعہ لکھنؤ آئے تو لوگ پہچانتے بھی نہ تھے۔ ایک سرائے میں ٹھہر گئے۔ معلوم ہوا کہ کہیں مشاعرہ ہورہا ہے۔ اسی وقت ایک غزل لکھی اور مشاعرہ میں گئے۔ لکھنؤ کی تہذیب اس وقت عروج پر تھی اور ان کی وضع قدیمانہ کو لوگ دیکھ دیکھ کر ہنسنے لگے۔ یہ غریب الوطن اور دل دُکھی، افسردہ خاطر ہوکر چپکے سے ایک کونے میں جا بیٹھے۔ جب شمع سامنے آئی تو

سب کی نظریں ان پر پڑیں۔ کسی نے پوچھا"حضور کا وطن؟" آپ نے فوری ایک قطعہ غزل کے ساتھ ملا کر پڑھنا شروع کیا ؎

کیا بود و باش پوچھو ہو پورب کے ساکنو ہم کو غریب جان کے ہنس ہنس پکار کے
دِلّی جو اک شہر تھا عالم میں انتخاب رہتے تھے منتخب ہی جہاں روزگار کے
اس کو فلک نے لوٹ کے ویران کر دیا ہم رہنے والے ہیں اسی اُجڑے دیار کے

اس وقت کہیں سب کو معلوم ہوا کہ میرؔ صاحب یہی ہیں پھر تو سب نے معذرت چاہی۔ نواب آصف الدّولہ کو خبر ہوی تو انھوں نے تین سو روپے ماہانہ مقرر کردیا ـــــ لیکن میرؔ جس قدر نادار اور فلک ـــــ کے ستائے ہوے تھے، اس سے کہیں زیادہ خوددار، باغیرت اور استغنٰی و بے نیازی کی صفات کے حامل تھے۔ انھیں اپنی عظمت و بلندی کا پورا پورا احساس تھا۔ جیسا کہ ہر بڑے آدمی کو ہوتا ہے۔ وہ جانتے تھے کہ دنیا ان کی قدر کیوں نہیں کرسکتی، لیکن ایک زمانہ آئے گا جب اُن کے کمالِ فن پر لوگ سر دُھنیں گے۔ ان کا ہر شعر پڑھنے والوں سے بے شمار آنسوؤں کا خراج وصول کرکے رہے گا ـــــ میرؔ بڑے نازک مزاج بھی تھے۔ حالات نے انھیں بددماغ بھی بنا دیا تھا۔ وہ کسی کو خاطر نہ لاتے تھے۔ لکھنؤ میں کسی نے پوچھا"قبلہ!

آج کل یہاں شاعر کتنے ہیں؟" تو فرمایا: "ایک سودا، دوسرے یہ خاکسار۔" کچھ تامل کے بعد بولے: "آدھے خواجہ میر دردؔ۔" کسی نے کہا اور خواجہ میر سوزؔ؟ چیں بجبیں ہو کر فرمایا: میر سوزؔ بھی شاعر ہیں؟" وہ بولے: "آخر نواب آصف الدولہ کے استاد ہیں!؟" ارشاد ہوا:۔ "خیر وہ پاؤ سہی، اس طرح پونے تین!"

میرؔ نے ایک مثنوی لکھی جس میں خود کو ایک اژدہا قرار دیا ہے۔ دوسرے شعراء میں سے کسی کو بچھو اور سانپ وغیرہ اس میں انھوں نے بیان کیا ہے ایک پہاڑ کے دامن میں ایک خونخوار اژدہا رہتا تھا۔ جنگل کے حشرات الارض جمع ہو کر اس سے لڑنے لگے اژدہے نے ایک دم ایسا مارا کہ سب فنا ہو گئے۔

میرؔ صاحب جب لکھنؤ سے چلے تو گاڑی کا کرایہ بھی پاس نہ تھا۔ ایک شخص نے کرایہ ادا کیا اور وہ اس کے ساتھ شریکِ سفر ہو گئے۔ راستے میں اس نے کچھ بات کرنی چاہی، آپ نے اس کی طرف سے منہ موڑ لیا۔ کچھ دیر بعد اس نے پھر بات کی چیں بجبیں ہو کر فرمایا: "صاحب! آپ نے کرایہ دیا ہے باتوں سے کیا تعلق؟" وہ بولے: "کیا مضائقہ راستے کا شغل ہے۔" بگڑ کر فرمایا: "خیر! آپ کا تو شغل ہے، لیکن میری زبان

خراب ہوتی ہے۔"

نواب آصف الدّولہ کے دربار میں اکثر آیا جایا کرتے تھے۔ یہاں سے وظیفہ بھی مقرر تھا۔ نواب صاحب نے ایک غزل کی فرمائش کی۔ جب دوسرے روز ملنا ہوا تو پوچھا: "قبلہ! ہماری غزل لائے؟" آپ نے تیوری پر بل ڈال کر کہا: "جنابِ عالی! مضمون غلام کی جیب میں بھرے ہیں نہیں، کل آپ نے فرمائش کی اور آج میں حاضر کردوں۔" نواب سنبھل کر بولے: "بہت خوب! جس وقت طبیعت موزوں ہو، فرما دیجئے گا۔"

ایک دن نواب نے بڑے اشتیاق سے بلوا بھیجا۔ گئے تو دیکھا کہ نواب صاحب ہاتھ میں ایک چھڑی لیے ہوئے حوض پر بیٹھے سرخ سبز مچھلیوں کا نظارہ کر رہے تھے۔ ان کو دیکھتے ہی بہت خوش ہوئے، تعظیم کی اور فرمائش کرنے لگے کہ کچھ سنایئے۔ آپ نے ایک غزل پڑھنی شروع کی۔ نواب صاحب سنتے بھی جاتے تھے، شغلِ بیکاری کے طور پر چھڑی سے مچھلیوں کے ساتھ کھیلتے بھی جاتے تھے۔ چیں بجبیں ہو کر میر دو چار شعر کے بعد ٹھہر گئے۔ وہ بولے: "جی ہاں! پڑھیئے میں سن رہا ہوں۔" بگڑ کر بولے: "کیا خاک پڑھوں؟ آپ تو کھیل میں مصروف

ہیں۔ متوجہ ہوں تو کچھ پڑھوں؟" نواب نے مسکرا کر کہا: "جو شعر ہوگا، خود متوجہ کرلے گا۔" بس پھر کیا تھا جھٹ سے کاغذ جیب میں ڈال گھر چلے آئے۔ اور پھر وہاں جانا ہی چھوڑ دیا ــــ راستے میں کسی دن نواب کا اور ان کا سامنا ہوگیا۔ دیکھتے ہی انھوں نے گاڑی ٹھہرائی۔ سلام کیا اور بڑی محبت سے بولے: "جناب میرؔ صاحب! آپ نے تو ہم کو بھلا ہی دیا کبھی تشریف بھی نہیں لاتے؟" فرمایا: "بازار میں باتیں کرنا شریفوں کا شیوہ نہیں!"

نواب آصف الدّولہ کے بعد نواب سعادت علی خاں کا زمانہ آیا۔ ایک دن سرِ راہ مسجد کی سیڑھیوں پر بیٹھے تھے۔ سعادت علی خاں کی گاڑی اُدھر سے گزری، سب تعظیماً اٹھ کھڑے ہوئے۔ مگر میرؔ صاحب نہایت بے نیازی سے بیٹھے رہے۔ نواب صاحب نے سیّد انشاؔ سے پوچھا: "یہ کون شخص ہے، جس کی تمکنت نے اُسے اُٹھنے بھی نہیں دیا؟" انھوں نے جواب دیا "جناب عالی! یہ وہی گدائے متکبّر ہے جس کا ذکر حضور میں آچکا ہے ــــ گزارے کا یہ حال! اور مزاج کا عالم!! آج بھی فاقے ہی سے ہوگا، لیکن بے نیازی تو دیکھئے!!" گھر جاکر نواب نے خلعت اور ایک ہزار روپے بھجوائے۔ چوب دار لے کر خدمت

میں حاضر ہوا۔ آپ نے نہایت بے نیازی کے ساتھ واپس کردیا اور کہلا بھیجا کہ "مسجد میں بھجوائیے یہ گنہگار اتنا محتاج نہیں" نواب صاحب کو یہ جواب سن کر بڑی حیرت ہوی۔ پھر سیّد انشاؔ کے ہاتھوں بھیجا۔ انھوں نے جا کر بہت منایا، سمجھایا کہ بادشاہِ وقت کا ہدیہ ہے بللہ قبول فرمایئے۔ اپنے حال پر نہ سہی اہل و عیال پر رحم کیجئے۔۔۔ نہایت تیکھے پن سے جواب دیا کہ "صاحب! وہ اپنے ملک کے بادشاہ ہیں تو میں بھی اپنے گھر کا بادشاہ ہوں۔۔۔ کوئی ناواقف اس طرح پیش آتا تو مجھے شکایت نہ تھی وہ مجھ سے واقف میرے حال سے واقف، ایک دس روپے کے خدمت گار کے ہاتھوں خلعت بھجواتے ہیں؟ مجھے اپنا فقر و فاقہ قبول ہے مگر یہ ذلّت نہیں سہی جاتی" غرض انشاؔ نے بہت منّت و سماجت کی تب کہیں جاکر قبول فرمایا۔ کبھی کبھی دربار میں بھی جایا کرتے تھے۔ نواب صاحب ان کی بڑی تعظیم و تکریم کرتے۔۔۔!

۱۸۱۰ء میں میرؔ نے ۸۶ برس کی عمر میں انتقال کیا۔ میرؔ کا یہ شعر ان کے حال کا عکاس ہے۔

بعد ہمارے اس فن کا جو کوئی ماہر ہوئے گا
درد انگیز انداز کی باتیں اکثر پڑھ پڑھ روئے گا

سودا

ولادت ۱۷۱۳ء، وفات ۱۷۸۰ء

مرزا سودا میر صاحب کے ہمعصر تھے۔ لیکن ان دونوں کے کلام میں بہت بڑا فرق ہے۔ کسی نے بالکل ٹھیک کہا ہے کہ میر کی شاعری "آہ" ہے تو مرزا کی شاعری "واہ"۔

سودا متوسط قد، فربہ اندام، گورے چٹے آدمی تھے۔ گھنی داڑھی، لانبی مونچھیں، سر پر پگڑی، پھنسی ہوئی آستین کا انگرکھا، تنگ پائنچے کا پاجامہ پہنتے تھے۔ گلے میں ایک اوڑھنی سی پڑی رہتی تھی۔

پہلے زمانے کا قاعدہ تھا کہ شعراء بادشاہ و اُمراء کی تعریف میں قصائد لکھتے اور دربار میں جا کر سناتے تھے۔ تعریف و توصیف کے بدلے کافی انعام و اکرام پاتے تھے۔ اس کے برخلاف اگر وہ کسی سے

بگڑتے تو اس کی مذمت میں ہجو لکھتے جس کی وجہ سے نامور لوگ شعراء سے ڈرتے بھی تھے۔

تمام اصنافِ سخن میں ہجو بڑی دلچسپ چیز ہے ـــــ کہتے ہیں ایک فارسی شاعر نے کسی امیر کی تعریف میں ایک قصیدہ لکھا امیر تھا بڑا کنجوس ـــــ انعام کے بارے میں انجان ہوگیا۔ کچھ دن تامّل کر کے شاعر نے تنبیہہ کے طور پر ایک اور قصیدہ لکھ بھیجا۔ امیر شدّت سے بخیل واقع ہوا تھا، وہ بدستور خاموش رہا۔ اب شاعر نے غصّے میں ایک زوردار ہجو لکھی اور لے جا کر اس امیر کے دروازے پر لٹکا دیا۔ اسے پڑھ کر نواب صاحب بہت ہی گھبرائے، کافی انعام و اکرام پیش کرکے ہجو والے کاغذ کو اپنے دروازے سے ہٹا دیا۔

سوداؔ قصیدہ اور ہجو نگار شاعر تھے۔ ان کی غزلیں بھی بڑی زوردار ہوتی تھیں، لیکن ہجویات اور قصائد کے بادشاہ مانے گئے ہیں۔ یہ وہ شاعر تھے، جن کے نام سے بڑے بڑے رئیس و نواب بھی ڈرتے تھے۔ حاکم و کوتوال بھی پناہ مانگتے تھے۔ ہجو لکھنے میں انھیں کمال حاصل تھا۔ انھوں نے کسی امیر یا نواب سے کوئی فرمائش کی، اگر اس کے پورا ہونے میں اس کی طرف سے ذرا بھی تامّل

یا انکار ہوتا تو بس اسی وقت ایک ہجو اس بدنصیب کی شان میں لکھ کر سارے شہر میں مشہور کروادی۔ اس ہجو کی مقبولیت کا یہ عالم ہوتا کہ گھنٹے ڈیڑھ گھنٹے میں بچے بچے کی زبان پر ہوتی۔ اور وہ غریب جس کی شان میں ہجو لکھی جاتی، بے چارہ کئی کئی دن تک قدم گھر سے باہر نہ نکالتا تھا۔

ایک وقت کی بات ہے سوداؔ کو کہیں جانا تھا، انھیں گھوڑے کی ضرورت تھی، ایک رئیس کے یہاں پہنچے اور اس سے گھوڑا مانگا، رئیس نے گھوڑا دینے سے انکار کر دیا۔ بس پھر کیا تھا، سوداؔ کو غصّہ آگیا گھر آئے اور دروازے کے باہر ہی سے آواز دی "لا غنچے قلمدان!" غنچہ ان کا خاص نوکر تھا، جو ہمیشہ ان کا قلمدان لیے لیے پھرتا تھا۔ جب کسی پر بگڑتے تو آواز دیتے "لا غنچے قلمدان، ذرا میں اس کی خبر تو لوں؟! آخر اس نے سمجھ کیا رکھا ہے مجھے؟" غرض دروازے کے باہر ہی بیٹھ کر ایک شان دار ہجو اس امیر اور اس کے گھوڑے کی شان میں لکھ ماری۔ گھنٹے بھر میں گلی گلی، کوچے کوچے ہجو لوگوں کی زبان پر تھی۔ جو "گھوڑے کی ہجو" کے نام سے ان کی مشہور ہجوؤں میں شمار ہوتی ہے۔ اس کا ہلکا سا خاکہ آپ کے لیے یہاں پیش کیا

جاتا ہے۔

ہمارے شہر میں ایک نہایت ہی کنجوس، بخیل اور منحوس آدمی رہتا ہے۔ اس کمبخت نے مصیبت زدہ فاقوں کا مارا ایک گھوڑا بھی پال رکھا ہے۔ جو اس قدر لاغر اور بدصورت ہے کہ توبہ! گدھا بھی اس کی صورت دیکھتے ہوئے شرما جائے۔ وہ شخص ظالم اتنا کہ بھول کر بھی گھوڑے کو دانا یا گھاس کا ایک آدھ تنکا بھی نہیں ڈالتا۔ بھوک کے مارے اس کا بُرا حال رہتا ہے۔ فاقوں پر فاقے کرتا ہے۔ مگر سخت جان ایسا کہ مر بھی نہیں پاتا۔ جب آسمان کی طرف دیکھتا ہے تو تاروں ہی کو دانا سمجھ کر بےقرار ہو جاتا ہے اگر کہیں گھاس کا ایک آدھ تنکا بھی پڑا پاتا ہے تو بےچین ہو کر تڑپنے لگتا ہے۔ چونکہ ناتوانی کے باعث اپنی جگہ سے ہل نہیں سکتا اس لیے وہیں پڑے پڑے آنکھیں بند کر کے مُنہ کھول دیتا ہے اکثر دیکھا گیا ہے کہ وہ روشنی کی شعاؤں کو بندھا ہوا گھاس سمجھ کر زمین پر پٹکیاں کھانے لگتا ہے۔ جو کبھی چنے کے برتن ہی کو دیکھ پاتا ہے تو تڑپ تڑپ کر ایسے پاؤں مارتا ہے کہ زمین میں گڑھے پڑ جاتے ہیں۔ اگر اس کے تھان کی میخیں مضبوط نہ ہوتیں تو وہ کبھی کے ہوا سے اُڑ گیا ہوتا

اس قدر بوڑھا ہوگیا ہے کہ اگر کوئی اس کی عمر کا شمار کرنا چاہے تو بیابان کی ریت شمار کرلے۔ مجھے اس قدر تو یاد ہے کہ شیطان جس وقت جنّت سے نکالا گیا تھا' وہ اسی گھوڑے پر سوار ہو کر نکلا تھا۔ اب تو اس کی مثال ایک شطرنج کے گھوڑے کی سی ہے جو بغیر کسی ہاتھ کی مدد کے اپنی جگہ سے ہل ہی نہیں سکتا ایک نوجوان دولہا اس پر سوار برات لے کر دلہن کے گھر چلا وہاں پہنچتے پہنچتے وہ اس قدر ضعیف ہوگیا کہ اس کی صورت تک پہچانی نہ گئی۔

امیر تو ان کے نزدیک ایک نہایت معمولی بات تھی' یہ تو وہ شاعر تھا کہ کوتوال اور حاکم وقت کی ہجو کرتے ہوئے نہ چوکتا — مرزا رفیع نام تھا مگر سوؔدا تخلص کرتے تھے۔ کہا جاتا ہے کہ باپ سوداگر تھے' اس لیے سوؔدا تخلص اختیار کیا۔ دہلی میں پیدا ہوئے وہیں پرورش و تربیت پائی۔ طبیعت فطری طور پر شعر و شاعری سے مناسبت رکھتی تھی۔ شاہ حاتم کے شاگرد تھے۔ استادانِ فن کی رائے تھی کہ اس ہونہار لڑکے کی طبعِ موزوں ضرور ایک روز اس کو یکتائے زمانہ بنا کر چھوڑے گی؛ اپنے زمانے کے بڑے استاد تھے۔

زبانِ اُردو کے محسنوں میں شمار ہوتے ہیں۔ زبان پر حاکمانہ قدرت تھی۔ مولانا آزاد سوداؔ کے کلام کے متعلق لکھتے ہیں: "سودا کا کلام خود کہتا ہے کہ دل کا کنول ہر وقت کِھلا رہتا ہے۔ پھر اس پر سب رنگوں میں ہم رنگ اور ہر رنگ میں اپنی ترنگ، جب دیکھو طبیعت شورش سے بھری ہوئی اور جوش سے لبریز ہے۔" سوداؔ نے ہر موضوع پر طبع آزمائی کی، اور ہر سمت میں انتہائی کمال تک پہنچے۔ ایک مضمون کو کئی رنگ سے ادا کیا مگر زورِ طبیعت کہیں کم نہ ہوا۔

دِلّی کے ایک شریف زادے ملاقات کو آئے اثنائے گفتگو میں پوچھا: "کیوں میاں صاحبزادے! آج کل کیا شغل ہو رہا ہے" وہ بولے: "قبلہ! دنیا کی پریشانیاں ہی کیا کچھ کم ہیں، جو دوسرا شغل ہو کبھی کبھی ایک آدھ غزل کہہ لیا کرتا ہوں۔" فرمایا: "اجی! غزل کا کہنا کیا ہے، کوئی ہجو کہا کیجئے؟" وہ غریب گھبرا کر پوچھے: "ہجو؟ ہجو کس کی کہوں؟" ارشاد ہوا: "ہجو کو کیا چاہیئے؟ تم میری ہجو کہو، میں تمہاری ہجو کہوں!"

بڑے جوہر شناس اور کھلے دل کے انسان تھے، ایک مشاعرہ میں ایک ۱۴ سالہ لڑکے نے کلام سنایا۔ جب اس نے یہ شعر

سُنایا ؎

دل کے پھپھولے جل اُٹھے سینے کے داغ سے　　اس گھر کو آگ لگ گئی گھر کے چراغ سے

تو سوداؔ چونک پڑے پوچھا کس نے پڑھا؟ لوگوں نے لڑکے کو بتایا بہت بے اختیار ہو گئے بار بار پڑھوایا۔ خود پڑھے، بہت تعریفیں کیں اور کہا: "میاں صاحبزادے! قیامت کردی؟ جوان ہوتے تو نظر نہیں آتے!" کچھ عجیب اتفاق تھا کہ چند دن ہی گزرے ہوں گے کہ وہ لڑکا جل کر مرگیا۔

دہلی کے ویران ہوجانے کے بعد لکھنؤ چلے آئے اور یہیں ستر سال کی عمر میں وفات پائی۔ ان کے کئی دیوان ہیں جن کا ہر ورق اور ورق کی ہر سطر پڑھو اور ہنسو کی دعوت دیتے ہیں۔ ان کا مشہور رسالہ 'عبرۃ الغافلین' ہے۔ اس کے لکھے جانے کا قصہ بھی بڑا دلچسپ ہے۔ کہتے ہیں کہ ایک لائق شخص نے فارسی شعراء کے تذکروں میں ایک کتاب لکھی اور صحت کے لیے مرزا فاخرؔ کے ہاں لے گیا۔ یہ حضرت یوں تو اس زمانے کے استادوں میں شمار ہوتے تھے۔ مگر بے چارے نیم حکیم خطرۂ جان نکلے۔ اصلاح کیا کی، ساری کتاب کی مٹی پلید کردی۔ بڑے

بڑے استادوں کے کلام میں اصلاحیں دیں اور کہیں پورے کے پورے اشعار ہی کاٹ ڈالے۔ جب غریب مرتب نے دیکھا تو اس کو بڑا رنج ہوا، وہ سیدھا سوداؔ کے پاس پہنچا، ان کی شکایت کی، اپنی محنت کے رائگاں ہونے کا افسوس بھی کیا۔ اور ان سے اصلاح کی درخواست کی۔ سوداؔ نے بڑے اصرار کے بعد کتاب لی۔ کتاب دیکھ کر انھیں سخت تکلیف ہوی۔ کتاب کی مناسب اصلاح تو کردی مگر ایک رسالہ "غرۃ الغافلین" لکھا جس میں مرزا فاخرؔ کی غلطیوں کو اصول کے تحت سمجھایا اور خود انھیں کے کلام کی خامیاں ظاہر کیں۔ جب رسالہ شائع ہوا تو فاخرؔ خوب چکرائے۔ ان کے سارے شاگرد استاد کی قلعی کھلتی دیکھ کر بھڑک اُٹھے۔ سب مل کر سوداؔ کے مکان پہنچے۔ بلا اجازت اندر گھس گئے۔ اور تکرار کی کہا: "تم نے جو کچھ لکھا ہے، وہ ساتھ لے کر چلو اور ہمارے استاد سے بحث کرو"۔ اس دعوتِ بحث پر سوداؔ کو ہنسی آگئی۔ مگر ایک غیر مہذب غول کے بگڑے تیور دیکھ کر فکر مند ہوے اور اُسی نرغے میں گھر سے نکل پڑے۔ جب شاہی سڑک پر پہنچے تو فاخرؔ کے شاگردوں نے لڑنا شروع کیا تاکہ بیچ شہر میں ان کو ذلیل کریں۔ اتّفاق دیکھیے کہ اُدھر سے نواب سعادت علی خاں کی سواری آرہی

تھی وہ سودا کو اس حال میں دیکھ کر رک گئے۔ واقعہ معلوم کیا اور ان کو اپنے ہاتھی پر سوار کرکے ساتھ لائے۔ اور نواب آصف الدولہ سے کہنے لگے: "بھائی جان! آپ کی حکومت میں یہ کیا قیامت ہے؟ مرزا سودا صاحب کی ابّا جان قدر کیا کرتے تھے، انھیں بھائی جان و مہربان لکھتے تھے۔ آج آپ کے عہد میں ان کا یہ حال ہے کہ چند بدمعاش گھیرے ہوئے لے جارہے ہیں۔" سارے واقعات سُن کر نواب بہت ہی بگڑ گئے۔ اور کہا: "بھئی! فاخر نے مرزا سودا کو نہیں ہم کو بے عزت کیا ہے۔ جب ابّا جان نے ان کو بھائی لکھا تو وہ ہمارے چچا ہوئے" اور اسی وقت حکم دیا کہ بدتہذیبوں کا پورا محلّہ شہر سے باہر کر دو اور مرزا فاخر کو اسی وقت، اسی حالت میں حاضر کرو۔" اس وقت سودا آگے بڑھے اور کہا: "جناب عالی! ہماری لڑائیاں کاغذ اور قلم کے میدان میں ہوا کرتی ہیں، اب ان کو یہاں تک نہ بلوایئے۔" جب فاخر صاحب کو اس واقعہ کی خبر ہوئی تو بے حد شرمندہ ہوئے اور دوسرے روز مع شاگردوں کے سودا کی خدمت میں حاضر ہوکر سرِ دربار معافی مانگی۔

مصحفی و انشاء

دو تلواریں ایک نیام میں نہیں رہ سکتیں، اور دو بادشاہ ایک سلطنت میں حکومت نہیں کرسکتے، کچھ یہی حال ان دو ہم پایہ شعراء کا ہوتا ہے، جنھیں ایک ہی زمانے میں پھلنے پھولنے اور آسمانِ شہرت پر پرواز کرنے کا موقع ملتا ہے۔ رشک و حسد اور باہمی مسابقت کا جذبہ، جو دو برابر کی ہستیوں میں ہمیشہ پایا جاتا ہے؛ ایک دوسرے پر سبقت لے جانے کے لیے، ہر طرح کی جدوجہد کرنے پر آمادہ ہوجاتا ہے اور اسی طرح دنیا کی تاریخ میں چشمکوں کا سامان فراہم ہوتا ہے۔ شاعری کے میدان میں قدما میں سب سے پہلے ہم کو وجہی و غواصی دو بلند پایہ شعراء کے نام ملتے ہیں، جن کی کشمکش اور رقابت نے اردو زبان کو اپنے عالمِ طفلی میں

کہاں سے کہاں پہنچا دیا۔ پھر ہوائیں اپنا رخ بدلیں، سارا نظام درہم برہم ہوگیا۔ ایک طویل عرصہ بعد شمالی ہند میں سوداؔ اور میرؔ ایک دوسرے سے دست و گریباں نظر آئے۔ لیکن ان کی کشمکش میں ایک متانت تھی، ایک سنجیدگی و ٹھہراؤ تھا۔ مقابلے ہوتے رہے لیکن شائستگی کا گریبان چاک نہ ہونے پایا۔ پھر وہ بساط الٹی۔ لکھنؤ میں نواب سعادت علی خاں کے دربار میں جب اردو شاعری کی بساط جمی تو دو ایسے منہ زوروں یا یوں کہیئے کہ "منہ زوروں" کا آمنا سامنا ہوا کہ ان کی منہ زوریوں کے آگے بقول آزاد:۔

"شرم کی آنکھیں بند ہوگئیں اور بے شرمی کی زبانیں کھل گئیں"۔

یہ شعراء مصحفیؔ و انشاؔ، ابتداً ہم ان دونوں کے کچھ الگ الگ حالات بیان کرتے ہیں۔ ان کے باہمی معرکوں کا حال آگے سنیئے:

غلام ہمدانی نام مصحفیؔ تخلص کرتے تھے۔ امروہہ میں پیدا ہوئے۔ طالب علمی کا زمانہ اور آغازِ جوانی دہلی میں گزارا۔ خوش خلق اور خوش مزاج تھے۔ ادب و لحاظ کی پابندی حد سے سوا تھی۔ جس کے باعث جہاں رہتے ہردلعزیز رہتے تھے۔ اس پر بھی افلاس نے ساری عمر تنگ کر رکھا۔

اپنے زمانے کے بڑے استاد مانے جاتے تھے۔ غیر معمولی روانی طبع رکھتے تھے۔ اس تیزی سے شعر کہتے کہ ان کی اکثر باتیں شعر ہی ہوا کرتیں۔ تنگدستی کے زمانے میں فی الفور شعر کہتے اور خریدار کی حسبِ فرمائش قیمت لے کر غزل فروخت کر دیتے۔ باوجود ہزاروں غزلیں فروخت کر دینے کے، آٹھ دیوان اپنے بعد چھوڑ گئے۔

ہمارے دوسرے شاعر ہیں حضرت انشاؔ — وہ ایک ہی وقت میں مفکر، شاعر، ادیب، انشاپرداز، ظریف، ماشاءاللہ خاں کے بیٹے تھے۔ سید انشاءاللہ خاں نام انشاؔ تخلص، نامی گرامی خاندان سے تھے۔ مرشد آباد میں پیدا ہوئے۔ اس زمانے میں جس طرح خاندانی امیر زادے تعلیم پاتے تھے، اسی طرح انشاؔ کو بھی ضروری علوم و فنون میں ماہر بنایا گیا۔ آبائی پیشے میں دل نہ لگا تو شاعری کی طرف متوجہ ہوئے اور بڑا کمال پیدا کیا۔ کسی کو استاد نہ بنایا۔ ابتداءً والد ہی سے اصلاح لی۔ فارسی میں قدرت رکھتے تھے۔ ہندوستان کی اکثر زبانوں سے اچھی طرح واقف تھے۔ بلکہ کئی زبانوں میں شاعری بھی کی ہے۔ حافظہ بلا کا پایا تھا، حد درجہ ذہین تھے۔ کسی مشاعرے یا دربار میں آتے تو ایک طرف تہذیب سے سلام کرتے تو دوسری طرف دیکھ کر مسکرا

دینے۔ کسی کو منہ بنا کر چڑا دیا۔ اسی لیے کبھی مردِ مستقل اور کبھی دِلّی کے بانکے نظر آتے تھے۔

مصحفی کی شاعری بڑی حد تک میر سے متاثر ہے۔ ان کے اکثر اشعار میں میر کا سا درد و اثر پایا جاتا ہے۔ کہتے ہیں کہ ایک مشاعرے میں میر صاحب بھی موجود تھے، مصحفی کا ابتدائی شباب کا عالم تھا، غزل پڑھ رہے تھے کہ ایک شعر پر میر صاحب چونک پڑے۔ فرمائش کی کہ بھئی! اس شعر کو پھر پڑھنا۔ بس پھر کیا تھا میر صاحب کا اتنا کہہ دینا ہزار تعریفوں کے برابر تھا۔ نوجوان شاعر نے انتہائی مسرت میں کئی دفعہ اُٹھ اُٹھ کر سلام کیا اور کہا:۔ اس شعر کے متعلق اپنے دیوان میں ضرور لکھوں گا، کہ قبلہ نے دو بار پڑھوایا تھا۔“

انشاؔ بھی اپنے زمانے کے ایک عالم اور مفکر تھے۔ بہت ہی ذہین تھے۔ لیکن افسوس کہ انھوں نے اس فطری نعمت سے صحیح کام نہ لیا۔ اور ساری عمر محض مسخرے پن میں گزار دی۔ بالکل ٹھیک کہا گیا ہے کہ ”انشاؔ کے فضل و کمال کو شاعری نے کھویا اور شاعری کو نواب سعادت علی خاں کی مصاحبت نے ڈبویا۔“

آزاد کا خیال ہے کہ "انشاء کا سا غیر معمولی شخصیت رکھنے والا عالی دماغ انسان ہندوستان بھر میں بہت کم پیدا ہوا ہوگا۔"

مصحفی و انشاء میں ایک زمانے تک بڑے زبردست جھگڑے چلتے رہے۔ حضرت انشاء کی عادت تھی کہ گلے میں ایک دوپٹہ ڈالے رہتے۔ جس پر مصحفی نے کہا ہے کہ ع

باندھی دُم لنگور میں، لنگور کی گردن !

مصحفی اس زمانے میں بوڑھے ہوگئے تھے، سر پر سفید بال، رنگت سرخی مائل اس پر انشاء نے پھبتی کسی ؎

صفرے پہ ظرافت کے ذرا شیخ کو دیکھو
سر لُون کا منہ پیاز کا، اچور کی گردن

اکثر اوقات منہ در منہ بھی سوال و جواب چلتے رہے۔ جس سے سنجیدہ مزاج، بوڑھے مصحفی تنگ آگئے تھے۔ ان کے شاگردوں سے لکھنؤ بھرا پڑا تھا۔ استاد کو اس قدر پریشان دیکھ کر سارے شاگرد اٹھ کھڑے ہوئے۔ ایک بڑی زوردار ہجو اپنے بوڑھے استاد کے حریف کی شان میں لکھی اور ایک دن مقرر کرکے گھر سے نکلے۔ شُہدوں کا سوانگ بھرا، ہجو کے اشعار پڑھتے ہوئے انشاء کی طرف چلے۔ اب ان

بزرگ کی شوخی دیکھئے ایک دن پہلے ان کو خبر ہو چکی تھی۔ یار دوستوں اور اُمرائے شہر کو دعوت دی۔ مکان کو طرح طرح کی آرائش سے سجایا، بہت ساری شیرینی، پان کے بیڑے، پھولوں کے ہار، منگوائے، جس وقت جوش و خروش سے بھرا ہوا مجمع قریب آیا، آپ سب مہمانوں کو لے کر استقبال کو نکلے، اپنی ہجو کے اشعار سُن کر بڑی تعریفیں کیں۔ سبحان اللہ اور واہ! واہ! سے داد دیتے ہوئے مکان پر لے آئے۔ سب کو خاطر تواضع سے بٹھایا، دوبارہ پڑھوایا، خوب تعریفیں کیں، شربت پلایا، پان کھلائے، ہار پہنائے اور ہنسی خوشی، عزّت و احترام کے ساتھ رخصت کیا۔

مصحفی کے جواب میں ایک شان دار جلوس انشار نے بھی تیار کیا۔ عجیب و غریب ہجویں لکھیں۔ ایک گُڈّا اور گُڑیا بنوائی۔ لوگ ہاتھیوں پر سوار، ہجو کے اشعار پڑھتے ہوئے چلے۔ گُڈّے اور گڑیا کو لڑاتے جاتے تھے اور اشعار پڑھتے جاتے تھے۔

سوانگ نیا لایا ہے دیکھ چرخِ کہن　　　لڑتے ہوئے آئے ہیں مصحفی و مُصحفن

اس معرکے میں شہزادے سلیمان شکوہ اور اُمراء نے ساتھ دیا۔ غریب مصحفی کو خفّت اٹھانی پڑی۔ خواہ ہنسی و مذاق اور مسخرے پن

کے مقابلوں میں ہی کیوں نہ ہو ـــــ ان غیر مہذب جھگڑوں سے مصحفی بہت دل شکستہ ہوگئے ان کی اکثر غزلوں میں یہ رنگ جھلکتا ہے ؎

مصحفی اب بے لطف ہے اس شہر میں زندگی
سچ ہے کچھ انسان کی توقیر نہیں یاں

اس میں شک نہیں کہ زمانے نے مصحفی کا خاطر خواہ ساتھ نہیں دیا۔ لیکن لکھنؤ کی شاعری ہمیشہ ان کی احسان مند رہے گی۔ محمد حسین آزاد ان کے متعلق لکھتے ہیں: "جس شخص کا قلم آٹھ دیوان لکھ کر پھینک دے، اس قابلیت میں کلام کرنا، انصاف کی جان پر ظلم کرنا ہے ـــــ" نیاز فتح پوری نے بالکل صحیح کہا ہے کہ اُس دَور میں مصحفی اپنے فن کا امام تھا اور غزل گوئی میں ایسے ایسے پاکیزہ اسلوب بیان پیدا کیا ہے کہ اس سے قبل کسی شاعر کو اس حیثیت سے مصحفی کے مقابلے میں پیش نہیں کیا جاسکتا۔"

انشاء نے نواب سعادت علی خاں کے دربار میں آکر اگرچہ وہ عروج حاصل کیا جو کسی دوسرے شاعر کو میّسر نہ ہوسکا، لیکن نواب سے ان کی یہی قربت بعد کو ان کے زوال کا باعث ہوی۔ ابتداءً ان کی ظرافت و شوخیٔ طبع نے نواب صاحب کے دل میں کافی جگہ پیدا کرلی تھی۔ وہ ان سے بالکل بے تکلف رہتے بلکہ اکثر بے تکلفی کا یہ عالم ہوتا

کہ نواب صاحب ان کی گود میں سر رکھے لیٹے ہوئے ہنسی و مذاق کیا کرتے ــــ ایک دن نواب صاحب کے ساتھ کھانا کھا رہے تھے۔ گرمی کی وجہ سے انشاؔ نے دستار اتار کر پیچھے رکھ دی تھی۔ مُنڈھا ہوا سر دیکھ کر نواب صاحب کو مذاق سوجھا اور پیچھے سے ہاتھ بڑھا کر چپت لگا دی۔ انشاؔ نے جلدی سے دستار اٹھا کر سر پر رکھ لی اور بولے: "سبحان اللہ! بزرگ لوگ سچ کہا کرتے تھے کہ ننگے سر کھاتے وقت شیطان دھول لگایا کرتا ہے۔" نواب سعادت علی خاں اپنی فطرت کے لحاظ سے ایک سنجیدہ آدمی تھے۔ ان کے مسخرے پن کو زیادہ برداشت نہ کرسکے اور دربار میں آنا جانا بند کروا دیا۔ گھر سے بھی نکلنے کی ممانعت کردی ــــ وہ دولت و امارت کافور ہوگئی اور رفتہ رفتہ افلاس کا شکار بن گئے۔ غرض اسی طرح آخری عمر میں ان کو سخت تکالیف اٹھانی پڑیں ــــ ایک تو افلاس و بے روزگاری، دوسرے ان کے جوان بیٹے کی اچانک موت ــــ ان مصائب نے ان کو تقریباً دیوانہ سا بنا دیا تھا ــــ ان کے ایک عزیز دوست رنگینؔ نے ان کی آخری عمر کے دردناک حالات بہت ہی پُراثر انداز میں قلم بند کیے ہیں ــــ لکھتے ہیں کہ ایک مشاعرے میں دیکھا کہ ایک شخص ایک میلا سا تھیلا کندھے پر رکھے، خستہ حال پریشان صورت

گویا درد و الم کی تصویر، ہاتھ میں ایک، حقہ لیے آیا اور ایک طرف زمین پر بیٹھ گیا۔ کسی نے مزاج پرسی کی ___ کسی نے حال پوچھا۔ اکثر لوگ ان کی تواضع کرنے لگے ___ وہ بولے ہم کو نہ چھیڑو، ہمیں اپنے حال پر رہنے دو، ورنہ ہم چلے جائیں گے۔ سب خاموش ہو گئے ___ تھوڑی دیر بعد پوچھا: "کیوں صاحب! مشاعرہ کب شروع ہوگا؟" لوگوں نے کہا: "جناب! ابھی تو لوگ جمع ہو رہے ہیں۔" کہا: "ہم تو اپنی غزل سُنا دیتے ہیں۔" اپنے تھیلے سے ایک کاغذ نکالا اور غزل پڑھنی شروع کردی ؎

کمر باندھے ہوئے چلنے کو یاں سب یار بیٹھے ہیں بہت آگے گئے باقی جو ہیں تیار بیٹھے ہیں

غزل کیا تھی بس ایک جادو تھا۔ اپنی حسرت، مایوسی، ناامیدی و ناکامی کا ایک دردناک نوحہ تھا وہ پڑھنا ختم کر، کاغذ پھینک، ایک فقیرانہ بے نیازی کے ساتھ باہر چلے گئے ___ لیکن وہاں زمین و آسمان پر سناٹا چھا گیا ___ یہ تھے سید انشاء!

رنگین اپنے دوست کا حال معلوم کر کے رو پڑے۔ گھر پر گئے دیکھا کہ جس جگہ ہاتھی، گھوڑے، پالکی نالکی کا ہجوم رہتا تھا، ہاتھی جھومتے تھے ___ آج وہاں خاک اُڑ رہی ہے۔ یہ اندر گئے سارا گھر ویران پڑا تھا ___

انشاؔ ایک کونے میں تنہا نیم برہنہ بیٹھے تھے — دونوں زانو پر سر دھرا تھا — ٹوٹا ہوا حقہ اور راکھ کا ڈھیر سامنے پڑا تھا — یہ عالم دیکھ کر رنگین کا دل بھر آیا — پکارا — سید انشا! دو ایک آواز کے بعد سر اٹھا کر ایک حسرت بھری نگاہ سے دیکھا — انھوں نے پوچھا — کیا حال ہے؟ — ایک سرد آہ بھر کر بولے — شکر ہے — اور پھر اسی طرح گھٹنوں پر سر رکھ لیا!

انشاؔ کی دردناک موت خود ضعیف مصحفیؔ پر بھی شاق گزری — چنانچہ انھوں نے اپنے ایک شعر میں اپنے دیرینہ حریف کی موت کا اس طرح ماتم کیا ہے ؎

مصحفیؔ! کس زندگانی پر بھلا میں شاد ہوں
یاد ہے مرگِ قتیلؔ و مُردنِ انشا مجھے

غالب

ولادت ۱۲۱۲ھ، وفات ۱۲۵۸ھ

غالب اُردو کے بہت بڑے شاعر تھے۔ دنیا کی بے شمار ترقی یافتہ زبانوں کا مطالعہ کرنے والے، ان کا شمار کالی داس، شیکسپیر اور گوئٹے کی صف میں کرتے ہیں۔ ایک صاحب نے تو یہاں تک لکھا ہے کہ: "ہندوستان کی الہامی کتابیں صرف دو ہیں، ایک وید مقدس دوسرے دیوانِ غالبؔ"۔

زمانۂ جوانی میں غالبؔ کا شمار شہر کے حسینوں میں ہوتا تھا، وہ بڑے خوش رُو، کشیدہ قامت، ورزشی جسم، سُرخ و سپید زردی مائل رنگ جس کو چمپئی کہا جاتا ہے، کے مالک تھے۔ بڑی بڑی غلافی آنکھیں، کھنچی ہوئی بھویں، سر پر لمبی سیاہ پوستین کی ٹوپی، سفید ململ کا

انگرکھا، سفید پاجامہ، اس پر ہلکے زرد رنگ کا جامہ دار چغہ ۔ آراستہ و پیراستہ مکان، مسند تکیے سے لگے بیٹھے رہتے۔ غالب کے آبا و اجداد ترک تھے۔ شہر آگرہ میں پیدا ہوئے، عالم جوانی میں دہلی چلے آئے اور اسی کو اپنا وطن بنالیا۔ والدین بچپن ہی میں مرچکے تھے۔ صرف ایک بھائی تھے، جو اُن سے چھوٹے تھے۔ مرزا یوسف خاں نام تھا۔ غالب کا پورا نام تھا مرزا اسد اللہ خاں۔ غالب تخلص کرتے تھے۔ ان کا ننھیال کافی دولت مند تھا، جہاں یہ دونوں بھائی ناز و نعم میں پلے۔ تیرہ برس کی عمر میں ہی شادی ہوگئی۔ ان کی بیوی ایک شریف و معزز خاندان سے تعلق رکھتی تھیں۔ وہ بہت ہی عقلمند، سلیقہ شعار اور مذہبی خاتون تھیں۔ چونکہ یہ حضرت شراب کے عادی تھے، اس لیے وہ ان سے بہت پرہیز کرتی تھیں۔ حتیٰ کہ کھانے کے برتن بھی دونوں کے الگ ہوتے تھے۔ یہ حضرت خود بھی، بیوی کا بہت احترام کرتے بلکہ اُن کے زُہد و تقوےٰ سے ڈرتے تھے۔

غالب کے اخلاق و عادات بہت وسیع تھے۔ یہی وجہ تھی کہ دوست احباب کا دائرہ بھی وسیع تھا۔ جو شخص ایک مرتبہ ان سے مل لیتا، پھر ہمیشہ ان کا مشتاق ہی رہتا۔ باوجود اتنے بڑے آدمی

ہونے کے، اگر کوئی ان کے کلام پر ٹھیک اعتراض کرتا یا مناسب صلاح دیتا تو فوراً سرِ تسلیم خم کر دیتے۔ سخاوت، فراخ حوصلگی میں اپنی آپ نظیر تھے۔ کہتے ہیں ان کے کھلے دل اور کھلے ہاتھ نے ہمیشہ اُن کو تنگ حال رکھا۔ کوئی سائل در سے خالی نہ جاتا۔ غریبوں محتاجوں کی خدمت اپنی بساط سے زیادہ کرتے۔ خصوصاً ان دوستوں کے ساتھ جو گردشِ روزگار سے بگڑ گئے ہوں۔ بہت ہی شریفانہ سلوک کرتے۔ طبیعت میں خودداری، غیرت و بے نیازی حد سے بڑھی ہوئی تھی۔ باوجودِ آخری عمر میں تنگ دست ہونے کے آن بان کو ہاتھ سے جانے نہیں دیا۔ شہر کے اُمراء اور رؤساء سے برابر کی ملاقات تھی۔ خاطر و مدارات میں کسی سے دب کر نہ رہتے۔ بغیر پالکی و شان و شوکت کے باہر نہ نکلتے۔ اس زمانے میں دہلی کالج میں ایک فارسی پروفیسر کی جگہ خالی تھی۔ بڑے بڑے عالموں میں ان کا نام بھی پیش ہوا۔ سب سے پہلے یہی بلوائے گئے۔ یہ وہاں پہنچے۔ پالکی سے اتر کر اس انتظار میں رہے کہ پرنسپل خود استقبال کو آئے۔ بڑی دیر کے بعد ان کو خبر ہوئی تو فوراً نکل آئے اور بولے: ”مرزا صاحب! جب آپ دربارِ گورنری میں تشریف لائیں گے تو آپ کی تعظیم

ہوگی۔ گر اس وقت تو آپ نوکری کے لیے تشریف لائے ہیں، ایسے موقع پر یہ برتاؤ نامناسب ہے۔" فرمایا: "گورنمنٹ کی ملازمت کا ارادہ اس لیے تو نہ تھا کہ موجودہ اعزاز میں بھی فرق آئے؟" یہ کہہ کر وہاں سے چلے آئے اور عمر بھر نوکری نہ کی۔

مرزا نماز روزے کے پابند نہیں تھے۔ رمضان کا مہینہ تھا، ایک صحبت میں جہاں چند لوگ جمع تھے، آپ نے دھیمی آواز میں صاحبِ خانہ سے پان کی فرمائش کی۔ ایک زاہدِ خشک نے آنکھیں نکال کر پوچھا: "کیوں صاحب! آپ روزہ کیوں نہیں رکھتے؟" بڑی مجبوری سے فرمایا: "بھئی! کیا کروں شیطان غالب ہے" شراب نے آخری عمر میں ان کی صحت کو کافی نقصان پہنچایا۔ کچھ زمانہ تنگ دستی کی حالت میں بھی گزرا۔ شراب روزانہ میسر نہ آسکتی تھی، جس دن شراب نہ ملتی بہت ہی اداس و غمگین رہتے۔ اپنے ایک شاگرد کو خط لکھتے ہوئے شراب نہ ملنے کی شکایت اس طرح کرتے ہیں: "ساقیٔ کوثر کا بندہ اور تشنہ لب، ہائے غضب! ہائے غضب!" کسی نے آپ کے آگے شراب پینے والوں کی مذمت کی اور کہا کہ "شرابی کی دعا قبول نہیں ہوتی" پوچھا: "بھائی! جس کو شراب مل جائے وہ

وہ اور کیا دُعا مانگے؟" شراب ہی کی بدولت ایک مرتبہ قرضداروں نے مقدمہ دائر کیا، جب غالب عدالت میں پہنچے تو خاموش کھڑے تھے۔ حاکم نے پوچھا: "کیوں مرزا صاحب! آپ کیا فرمائیں گے؟" مسکرائے اور برجستہ کہا ؎

قرض کی پیتے تھے مئے اور سمجھتے تھے کہ ہاں
رنگ لائے گی ہماری فاقہ مستی ایک دن

حاکم بہت متاثر ہوا، وہ ان کے شناساؤں میں سے تھا، ساری رقم اپنی جیب سے ادا کر دی۔ شراب پینے سے ان کا مقصد کیا تھا، خود ان کی ہی زبانی سنیئے گا ؎

مئے سے غرض نشاط ہے کس روسیاہ کو
یک گونہ بے خودی مجھے دن رات چاہیئے

غالب کی طبیعت بہت مشکل پسند واقع ہوی تھی۔ ہمیشہ عام راہ سے ہٹ کر چلتے ــــ ایک سال اپنی تاریخِ وفات نکالی، اتفاق سے اُسی سال شہر میں وبا آئی۔ ہزاروں اموات ہوئیں، اس کے متعلق ایک خط میں لکھتے ہیں کہ: "دیکھئے جناب! اس سنہ کی بات غلط نہ تھی۔ مجھے اُس سال مرنا تو چاہیئے تھا، مگر اُس وبائے عام

میں مرنا میں نے اپنے لائق نہ سمجھا۔ اس میں میری کسرِ شان تھی۔ ہمیشہ عوام سے ہٹ کر چلنے کی کوشش کرتے، جو نہ صرف ان کے کلام کی بلکہ ان کے کردار کی بھی نمایاں خصوصیت ہے۔

جب اُردو نثر میں قدم رکھا تو وہاں بھی اپنی راہ الگ بنائی۔ خطوط کی پُرتکلف اور مشکل زبان کو، دلچسپ، آسان، مکالمے کی زبان بنادی۔ اس طرح اردو نثر پر بڑا احسان کیا۔ ان کے خطوط پڑھیے تو معلوم ہوتا ہے کہ دو اشخاص آمنے سامنے بیٹھے دلچسپ باتیں کررہے ہیں۔ نثر ہو کہ نظم، اُردو ہو کہ فارسی، ہر جگہ اور ہر مقام پر سب سے جُدا اور سب سے بلند رہے۔ بنارس کے ایک نواب صاحب جو ان کے رنگِ کلام سے ناواقف تھے، کسی شعر میں اسد تخلص دیکھ کر انھیں کا سمجھ بیٹھے اور ان کے سامنے بڑی تعریف کی۔ آپ نے پوچھا: "آخر ارشاد ہو کون سا شعر ہے؟" تو انھوں نے یہ شعر پڑھا ؎

اسد اس جفا پر بتوں سے وفا کی
مرے شیر شاباش، رحمت خدا کی

بس اتنا سُننا تھا کہ چہرہ سرخ ہوگیا، پیشانی پر بل آگئے

اور چیں بجبیں ہو کر فرمایا: "اگر کسی اور اسد کا ہے تو اس پہ رحمت خدا کی، اگر مجھ اسد کا ہے تو مجھ پر لعنت خدا کی۔"

رہنے کے لیے عمر بھر کوئی مکان نہیں خریدا ہمیشہ کرایہ ہی کے مکان میں رہتے تھے، جو ایک مسجد کے عقب میں واقع تھا۔ جس پر کہا بھی ہے ؎

مسجد کے زیرِ سایہ اک گھر بنا لیا ہے
یہ بندۂ کمینہ ہمسایۂ خدا ہے

جس طرح کرایہ کے مکان میں رہتے، اسی طرح کتابیں بھی کرایہ سے منگوالیا کرتے تھے۔ ساری عمر کوئی کتاب نہیں خریدی حافظہ غضب کا پایا تھا، جو بھی کام کی باتیں نظر سے گزرتیں گویا دماغ پر نقش ہوجاتیں۔

ان کے کلام میں فلسفیانہ گہرائی بہت زیادہ ہے۔ سادہ وسلیس زبان میں بہت کم لکھا ہے۔ یوں بھی ان کے خیالات اس قدر معمولی نہیں جس کو عوام آسانی کے ساتھ سمجھ سکیں ـــــ اس پر زبان بہت ہی پرتکلف، اور فارسی ترکیبیں حد سے زیادہ ـــــ مومن اور ذوق ان کے ہم عصر مشہور ہیں لیکن حقیقت یہ ہے جہاں تک شاعری کا تعلق ہے

ذوقؔ کو غالبؔ سے کوئی نسبت نہیں نہ ہی مومنؔ کے کلام میں اس قدر فلسفیانہ گہرائی ملتی ہے۔ مومنؔ تو خیر ان کے دوست ہی تھے مگر ذوقؔ سے خوب چوٹیں چلتی تھیں۔ جس زمانے میں ذوقؔ بہادر شاہ ظفرؔ کے استاد ہوئے تو خود کو کچھ بڑا سمجھنے لگے تھے۔ ایک دن ان کی ڈیوڑھی کے آگے سے ان کی سواری نکلی اتفاق سے غالبؔ بھی دو ایک شاگردوں کے ساتھ صحن میں ٹہل رہے تھے۔ گنگنانے کے سے انداز میں فرمایا ؎

ہوا ہے شہ کا مصاحب پھرے ہے اتراتا

ذوقؔ اور ان کے شاگردوں نے سُن لیا۔ بادشاہ تک شکایت پہنچی۔ آپ بھی دربار میں آتے جاتے تھے۔ بادشاہ غالبؔ کی بھی تعظیم وتکریم کرتے تھے۔ ایک روز باتوں باتوں میں شکایت کا ذکر بھی آگیا۔ فرمایا: "پیر و مرشد! میں نے تو یہ شعر اپنے لیے کہا تھا اور اسی وقت دوسرا مصرعہ موزوں کرکے یوں پڑھ دیا ؎

ہوا ہے شہ کا مصاحب پھرے ہے اتراتا
وگرنہ شہر میں غالبؔ کی آبرو کیا ہے

غالبؔ لاکھ ظریف الطبع اور خوش مزاج سہی، دنیا کی ناقدری کے صدموں کو ہنسی میں ٹالنا، اس خوددار و غیور شاعر کے لیے ناممکن تھا

یہی وجہ ہے کہ ان کے کلام میں بعض اوقات زندہ دلی اور خوش مزاجی کی فراوانی نظر آتی ہے، وہیں اکثر اوقات رنج وغم، درد والم کی بھی حسرت ناک تصویریں ملتی ہیں۔ آخری عمر میں موت کے بڑے آرزو مند ہوگئے تھے۔ ہر سال اپنی موت کی تاریخ نکالا کرتے اور کہتے اس سال ضرور مرجاؤں گا۔ ایک تاریخ نکالی "غالبؔ مُرد" کسی دوست نے سُنا تو بولے " انشاء اللہ یہ بھی غلط ثابت ہوگی" نہایت ناراضگی سے فرمایا: " دیکھو بھئی! ایسی بات زبان سے نہ نکالو۔ اگر یہ تاریخ پوری نہ ہو تو میں سر پھوڑ کر مرجاؤں گا۔"

آخری ایام میں ان کی حالت نہایت نازک ہوگئی تھی۔ ایسی حالت میں بھی جبکہ غش پر غش آرہے تھے۔ بے ہوشی طاری ہو چلی تھی، اس عالم میں بھی دوستوں کے خطوط کے جواب برابر دیتے اور شاگردوں کی غزلوں کی اصلاح سے نہ رُکتے۔

مرنے سے دو روز پہلے یہ شعر کہا ؎

دم واپسیں برسرِ راہ ہے

عزیزو! اب اللہ ہی اللہ ہے

مومن

ولادت : ۱۸۰۰ء وفات: ۱۸۵۱ء

یہ نازک مزاج شاعر غالبؔ کا ہم عصر تھا۔ اس کی آن بان ہی انوکھی تھی۔ نہایت ہی غیور خوددار اور ساتھ ہی ساتھ، حسین اور رنگین مزاج آواز میں غضب کا لوچ و درد تھا۔

دہلی میں پیدا ہوئے۔ ان کے دادا کشمیر کے رہنے والے تھے۔ جب دہلی آئے اور شاہی حکیموں میں داخل ہوئے تو یہیں کے ہوکر رہ گئے۔ شاہی خدمات کے سلسلے میں کئی جاگیریں اور انعامات بھی حاصل کیے۔ ان کے والد حکیم غلام نبی خاں صاحب کو ایک بزرگ حضرت شاہ عبد العزیز سے بڑی عقیدت تھی۔ مومن کے پیدا ہونے پر شاہ صاحب ہی نے اس ننھے بچے کے

کان میں اذان دی اور مومن خاں نام رکھا۔

مومن کی ابتدائی تعلیم و تربیت باپ ہی کی نگرانی میں ہوئی۔ ذرا ہوش سنبھالا تو والد نے شاہ صاحب کی خدمت میں لا بٹھایا۔ ان سے عربی کی ابتدائی کتابیں پڑھیں۔ حافظہ بلا کا پایا تھا، جو بات شاہ صاحب کی زبان سے نکلتی، صاحبزادے اُسے مشکل ہی بھولتے۔ اکثر ایسا ہوتا کہ شاہ صاحب سے واعظ سُنا اور لفظ بہ لفظ ادا کر دیا۔ جب فارسی و عربی کافی پڑھ چکے تو والد اور چچا سے طب کی کتابیں پڑھیں اور اپنے آبائی پیشے میں نسخہ نویسی کرنے لگے۔ نجوم سیکھنے کا بڑا شوق تھا۔ چونکہ اس سے قدرتی مناسبت بھی تھی، اس کو اہلِ علم سے حاصل کیا۔ اور وہ مہارت پیدا کی کہ بڑے بڑے نجومی بھی ان کی باتیں سن کر حیران رہتے تھے۔

مومن شطرنج کے بڑے شوقین تھے۔ جب بیٹھتے تو ایسے محو ہو جاتے کہ دنیا کی کچھ خبر نہ ہوتی۔ شہر کے ایک دو مشہور شاطروں کے سوا مومن کسی سے کم نہ تھے۔ شعر و سخن سے فطری لگاؤ تھا بلکہ یوں کہیئے کہ فطرت نے ان کو شاعر ہی پیدا کیا تھا۔ اس فطری جوہر کو خوب چمکایا۔ ابتدا میں شاہ نصیر سے اصلاح

پیتے رہے۔

مومن، رنگین مزاج، خوش وضع، خوش لباس، نہایت حسین، مد درجہ ذہین واقع ہوئے تھے۔ سرخ و سپید رنگ، بڑی بڑی روشن آنکھیں، لانبی لانبی سیاہ پلکیں، پتلے ہونٹ، ان پر پان کا لاکھا جما ہوا۔ مسی آلود دانت، ہلکی ہلکی مونچھیں، پتلی کمر، چوڑا سینہ، لمبے لمبے گھونگھریلے بال جو زلفیں بن کر پُشت و شانوں پر بکھرے ہوتے اور ان کی لانبی لانبی انگلیاں ہمیشہ بالوں سے کھیلتی رہتیں۔ شربتی ململ کا سفید انگرکھا، سُرخ گلبدانی کا ڈھیلے پائنچے کا پاجامہ، ریشمی ازار بند، سُرخ نیفہ، پھر اس پر ایک سیاہ ریشمی دُوپٹہ، جو کمر سے لپٹا رہتا۔

مکان بڑا اور شاندار تھا۔ دالان میں چاندنی کا فرش، اس کے بیچ میں قالین پر گاؤ تکیہ، اس پر بیٹھے آپ لکھتے رہتے۔ شاگرد قالین کے کنارے، چاندنی پر دو زانو بیٹھے رہتے۔ ایسا معلوم ہوتا گویا دربار ہورہا ہے۔ کسی کو آنکھ اُٹھا کر دیکھنے یا بلا ضرورت بولنے کی جرأت نہ ہوتی۔ پڑھنے کا انداز نرالا تھا ایسی پُرسوز آواز اور دل پذیر ترنم کے ساتھ پڑھتے کہ سارا مشاعرہ

جھوم جاتا، لانبی لانبی انگلیاں بالوں میں چلتی رہتیں۔ کسی کی تعریف و تحسین کی پروا نہیں۔ کوئی اچھا شعر آجاتا تو کنکھیوں سے غالبؔ کی طرف دیکھ لیتے، اور غالبؔ ایک خاص انداز میں مسکرا دیتے۔ اپنے اور غالبؔ کے سوا ساری محفل میں کسی کو چنداں قابلِ التفات نہ سمجھتے مومنؔ بھی بہت کم کسی کو داد دیتے۔ خواہ وہ بادشاہ سلامت ہی کی غزل کیوں نہ ہو۔ اور اگر اپنے شاگردوں میں سے کسی کا شعر پسند آجاتا تو پھڑک اٹھتے، بہت داد دیتے، خوب تعریفیں کرتے، بار بار پڑھواتے، خود پڑھتے، جھومتے، وجد کرتے۔

مومنؔ نے کبھی کسی کی ہجو سے زبان آلودہ نہ کی۔ نہ ہی کسی کی تعریف و تحسین میں کچھ لکھا ——— البتہ رئیس راجہ رنجیت سنگھ کی تعریف و تحسین بلکہ یوں کہنا چاہیئے کہ شکریہ میں ایک قصیدہ لکھا ہے یہ راجہ صاحب نہایت سخی اور اہلِ کمال کے قدرداں تھے۔ ان کی سخاوتیں شہر میں مشہور تھیں۔ ایک روز وہ اپنے کوٹھے پر مع مصاحبوں کے بیٹھے ہوئے تھے۔ کہ اُدھر سے مومنؔ کی سواری گزری۔ لوگوں نے بتلایا کہ جادو بیان شاعر مومنؔ یہی ہیں۔ راجا نے اسی وقت مصاحبوں کو بھیج کر انھیں بلوایا تعظیم و تکریم

سے بٹھایا۔ کچھ نجوم، کچھ شعر و سخن کی باتیں ہوئیں۔ ایک شاندار ہاتھی کسواکر منگوایا اور حضرت کی نذر کی۔ اُسی کے شکریے میں جناب نے ایک مشہور قصیدہ لکھا۔ کسی نے بالکل ٹھیک لکھا ہے کہ راجہ کا ہاتھی پیش کرنا، محض اس لیے تھا کہ راجا صاحب مومنؔ کی خدمت میں ہاتھی پیش کرنے کا شرف حاصل کرسکیں۔ ورنہ مومنؔ جیسا خوددار انسان کسی عزیز ترین دوست کا ادنیٰ احسان بھی گوارا نہ کرسکتا تھا۔ غیرت و خودداری، حساسیت اور بے نیازی اس قدر تھی کہ طب، رمل و نجوم کو کبھی ذریعۂ معاش نہ بنایا۔ نہ ہی کبھی کسی سے صلہ کی امید کی۔ دِلّی بہت عزیز تھی، جس کو آخری وقت تک نہ چھوڑا۔ کسی مہاراجہ نے معقول معاوضہ مقرر کرکے بُلوایا اور ایک ہزار روپے سفر خرچ بھی بھیجا۔ جب معلوم ہوا کہ ایک بہترین گویّے کی بھی یہی ماہوار ہے تو اس کو ٹھکرا دیا اور بولے ایسی جگہ جانا کس قدر باعثِ ذلّت ہے، جہاں میری اور ایک گویّے کی تنخواہ برابر ہو۔ ایک زمانے میں دہلی کالج کی پروفیسری کے لیے بلوائے گئے۔ لیکن اسے بھی منظور نہ کیا۔

نیازؔ مومنؔ کے کلام کے بارے میں لکھتے ہیں اگر میرے

سامنے اُردو کے تمام شعراء کا کلام رکھ کر، مجھے صرف ایک، دیوان اٹھانے کی اجازت دی جائے تو میں بِلا تامُّل کہوں گا کہ "مجھے کلیاتِ مومنؔ دے دو، باقی سب اٹھا لے جاؤ۔"

غالبؔ کے برخلاف ان کی غزلیں فلسفیانہ خیالات سے عاری ہیں۔ یوں تو عام طریقے کے مطابق، یہ بھی غزل میں، عشق و محبت کی عام باتیں بیان کرتے ہیں، مگر ان ہی عام باتوں کو نہایت لطیف اور شائستہ انداز میں انتہائی شیریں و میٹھی زبان میں اور ایک تیکھے پن کے ساتھ بیان کرتے ہیں۔ ان کی مثنویاں بھی خاصے کی چیز ہیں۔ جس میں انھوں نے اپنے خانگی حالات اور خود پر گزرے واقعات کو نہایت دلکش پیرایہ میں نظم کیا ہے ــــ اپنے ہم عصروں میں کسی کو بھی خاطر میں نہ لاتے تھے ــــ اس کے ساتھ ساتھ کبھی خود ستائی بھی نہ کی۔ غالبؔ کے بڑے قائل تھے ــــ ان کے اشعار کو بُرا کہتے ہوئے بھی سن نہ سکتے تھے۔

مومنؔ نے باون (۵۲) سال کی عمر پائی ــــ اچانک ــــ موت واقع ہوئی۔ کوٹھے پر سے گرے اور گرنے کے بعد

خود ہی حکم لگایا کہ "پانچ دن یا پانچ مہینوں میں مر جاؤں گا۔" کس قدر عجیب بات ہے کہ ان کا کہنا صحیح نکلا اور پانچ مہینے کے اندر ہی اندر موت واقع ہوئی ـــــ

مرنے سے پہلے خود ہی تاریخ کہی ع

"دست و بازو بہ شکست !"

ذوقؔ

ولادت ۱۷۸۹ء، وفات ۱۸۵۴ء

بہادر شاہ ظفرؔ کا زمانہ تھا۔ اس آخری مغل تاجدار کے عہدِ حکومت میں دہلی کی قدیم چہل پہل پھر عود کر آئی تھی۔ غالبؔ، مومنؔ اور ذوقؔ کے چرچے شاعری میں عام تھے۔

دربار ہو رہا تھا۔ ذوقؔ بہادر شاہ ظفرؔ کے استاد موجود تھے۔ ایک مرشد زادے اندر زنانے سے آئے۔ غالباً بیگمات سے کسی کا پیام لائے تھے۔ بادشاہ سے آہستہ آہستہ کچھ کہا، اور واپس ہونے لگے۔ کسی نے پوچھا: "صاحب عالم! ایسا آنا کیا اور ایسا جانا کیا؟" صاحبِ عالم نے جواب دیا: "اپنی خوشی سے آئے نہ اپنی خوشی چلے۔"

بادشاہ نے ذوقؔ سے مخاطب ہو کر فرمایا: "استاد! دیکھنا، کیا صاف مصرع ہوا ہے!" استاد فوراً کہہ اٹھے حضور! سہ

لائی حیات آئے، قضا لے چلی چلے
اپنی خوشی سے آئے، نہ اپنی خوشی چلے

یہ ذوقؔ کی مشہور غزل ہے، جو اُن کے دیوان میں موجود ہے۔

شیخ ابراہیم نام تھا، ذوقؔ تخلص کرتے تھے۔ ان کے والد شیخ رمضان ایک غریب اور شریف آدمی تھے۔ لیکن کہا جاتا ہے کہ حجّام کا پیشہ کرتے تھے۔ ذوقؔ کے شاگرد محمد حسین آزاد نے "آبِ حیات" میں ان کے والد کا پیشہ سپاہ گری بتایا ہے اس پر کسی نے خوب کہا ہے کہ حضرت نے اپنے استاد کے ہاتھ سے اُسترا چھین کر تلوار دے دی ہے۔ خیر وہ کچھ ہو، ہم کو صرف ذوقؔ سے بحث ہے —— یہ اپنے ماں باپ کے اکلوتے بیٹے تھے۔ بچپن بہت ناز و نعم میں کٹا۔ جب کچھ ہوش سنبھالا تو شفیق باپ نے حافظ غلام رسول کے پاس بٹھادیا۔ وہ شاہی حافظ تھے۔ حافظ غلام رسول ایک صاحبِ ذوق اور سخن فہم آدمی تھے۔ بچپن ہی سے اس

صاحبِ ذوق کی صحبت نے ذوقؔ میں شعر و شاعری کی ایک خاص چمک پیدا کر دی تھی۔ کچھ ہی دنوں بعد ذوقؔ شاہ نصیر کے شاگرد ہو گئے۔

خود ذوقؔ کا بیان ہے کہ میں نے استادانِ فن کے ساڑھے تین سو دیوان پڑھے ہیں اور ان کا خلاصہ بھی کیا ہے۔ شعر و شاعری سے مجھے بچپن ہی سے شوق ہو چلا تھا۔ گر ابتدا میں دنیا کی شہرت۔ اور تفریح طبع نے مختلف کمالوں کے رستے دکھلائے۔ کچھ روز موسیقی کا شوق رہا۔ ایک عرصہ اس کو حاصل کرنے میں گزرا۔ اسی زمانے میں ایک مشہور گوییے کے عاشق ہو گئے۔ اس نے کہا میاں صاحبزادے اس فن کے لیے تین سو برس چاہئیں۔ ایک سو سننے کے لیے، ایک سو سیکھنے کے لیے اور ایک سو سنانے کے لیے۔ اس میدان سے جو بھاگے تو اب نجوم کا شوق سمایا۔ اس میں دستگاہ پیدا کی۔ چند روز حکمت بھی کی۔ لیکن آخر کو ایک شاعر ہو کر رہ گئے۔

ذوقؔ قد و قامت میں متوسط بلکہ کچھ پستہ قد ہی تھے۔

جب ہی تو کہا ہے ؎

آدمیت سے بالا ہے آدمی کا رتبہ   پستہ ہمت یہ نہ ہوے پست قامت ہو تو ہو

رنگ خاصا سانولہ تھا، تیز نظریں، روشن آنکھیں، کھڑا چہرہ،

چھریرے بدن کے مالک تھے۔ تیز چلتے اور اکثر سفید لباس زیب تن کرتے تھے۔ کرتا، پاجامہ، انگرکھا اور اچکن بھی سفید ہی ہوا کرتا تھا۔ چیچک کے داغ کثرت سے تھے۔ وہ خود کہا کرتے تھے کہ نو مرتبہ چیچک نکلی۔ ان کے شاگرد رشید آزاد لکھتے ہیں ان کی رنگت اور داغ کچھ ایسے موزوں و مناسب واقع ہوئے تھے کہ چمکتے تھے اور بھلے معلوم ہوتے تھے۔ آواز بلند اور پاٹ دار تھی۔ جب مشاعرے میں پڑھتے تو سارا مشاعرہ گونج جاتا ان کے پڑھنے کا طرز، کلام کی تاثیر میں اضافے کا باعث ہوتا تھا۔ اپنی غزل کو کبھی دوسروں سے نہ پڑھواتے۔ خود آپ ہی پڑھا کرتے تھے۔ بادشاہ سے سو روپے ماہانہ مقرر تھے۔ ان کا مکان کابلی دروازے کے پاس تھا۔ بہت ہی تنگ و تاریک اور چھوٹا سا۔ جس کے مختصر سے صحن میں ان کا پلنگ بچھا رہتا تھا۔ حقّے کی نَے ہر وقت منہ سے لگی رہتی۔ جب دیکھیے کچھ نہ کچھ لکھتے رہتے یا کسی کتاب کے مطالعہ میں محو رہتے تھے۔

ان کے شاگردِ رشید حضرت آزاد لکھتے ہیں کہ رات کے کھانے کے بعد بادشاہ وقت بہادر شاہ ظفؔر کے لیے غزلیں لکھا کرتے تھے۔ لیکن یہ صرف جنابِ آزاؔد کی استاد نوازی ہے۔ ورنہ یہ بات پایۂ ثبوت کو

پہنچ چکی ہے کہ ظفر کا کلام جو کچھ بھی ہے، ان کا اپنا ہے۔ ظفر و ذوق کے کلام میں زمین و آسمان کا فرق ہے۔

آزاد لکھتے ہیں کہ ایک دفعہ بادشاہ کی غزل لکھ رہے تھے، ردیف تھی تصویر ہمیشہ، تیر ہمیشہ، لکھتے لکھتے شاگرد سے کہنے لگے "تم بھی تو کچھ کہو؟" وہ مسکرائے "میں کیا عرض کرسکتا ہوں؟" فرمایا: "ارے بابا! اسی طرح تو آتا ہے ہوں ہاں، غوں غاں، کچھ تو بولو کوئی مصرعہ ہی سہی۔" آزاد صاحب نے کچھ سوچ کر کہا ؎

سینے سے لگائے تری تصویر ہمیشہ

فرمایا: "ہاں خوب کہا" اور دوسرا مصرعہ خود آپ نے لگا لیا ؎

آجائے اگر ہاتھ تو کیا چین سے رہیئے   سینے سے لگائے تری تصویر ہمیشہ

ذوق کوئی بلند پایہ شاعر نہ تھے۔ اگرچہ کہ یہ غالب و مومن کے ہم عصروں میں شمار ہوتے ہیں۔ بادشاہِ وقت کے استاد ہونے کے باعث زمانے نے ان کی بڑی قدر کی۔ لیکن اس وقت جبکہ شعر و سخن کے ذوق میں کافی تغیر پیدا ہو چکا ہے، ہم ذوق کو غالب و مومن کی صف میں جگہ نہیں دے سکتے۔ اس میں شک نہیں کہ قصیدوں میں ان کا جوہر خوب کھلتا ہے۔ ان کے بعض قصیدوں کو شاعری کے

اچھے نمونوں میں شمار کیا جاتا ہے۔ سوداؔ کے بعد ذوقؔ ہی کو اُردو کا سب سے بڑا قصیدہ نگار کہا جاسکتا ہے۔ ۱۹ سال ہی کی عمر میں انھوں نے ایک طویل قصیدہ لکھ کر اکبر بادشاہ کو سنایا تھا۔ جس پر بادشاہ کی طرف سے ان کو "خاقانیٔ ہند" کا خطاب دیا گیا تھا۔

۱۸۵۴ء میں ذوقؔ نے ۶۵ سال کی عمر میں انتقال کیا۔

آزادؔ نے "آبِ حیات" میں ان کے بسترِ مرگ کی تفصیلات درج کی ہیں۔ لکھتے ہیں کہ انھوں نے سترہ دن بیمار رہ کر وفات پائی مرنے سے دو روز پیشتر ضعف بہت زیادہ ہوگیا تھا۔ حالت بہت نازک ہوتی جارہی تھی۔ ان کے اور موت کے بیچ میں صرف ایک شب حائل تھی۔ دوست احباب، عزیز، شاگرد سب بیٹھے ہوے تھے۔ اٹھانے بٹھانے میں بہت تکلف ہو رہا تھا ـــــ احباب اور شاگرد پکڑ پکڑ کر اٹھاتے تھے ـــــ لیکن بار بار بستر پر گرے جاتے تھے ـــــ بڑی ہی درد بھری آواز میں کہا: "آہ ناتوانی ـــــ!!" ایک دوست نے کہا: "آخر شاعروں کا ہی ضعف ہوگیا ـــــ" ان کے ایک چہیتے شاگرد حافظؔ ویران نے کہا:

"آپ نے بھی تو ضعف کے بڑے بڑے مضمون باندھے

ہیں ـــــ" تو مسکرا کر جواب دیا: " اب تو کچھ اس سے بھی زیادہ ہی ہے۔"

آرزؔو صاحب نے کہا: "سبحان اللہ! اس حالت میں بھی مبالغہ ہے، خدا اسی مبالغے کے ساتھ ناتوانی دے۔"

غرض ساری رات ہنس ہنس کے باتیں کیں اور صبح جو آنکھیں بند کریں تو پھر نہ کھولیں۔ مرنے سے تین گھنٹے پہلے جبکہ آخری سانسیں چل رہی تھیں، یہ شعر کہا۔۔۔

کہتے ہیں ذوؔق آج جہاں سے گزر گیا
کیا خوب آدمی تھا خدا مغفرت کرے

ناسخ

گزشتہ صفحات میں وجہی و غواصی، میر و سودا، اور مصحفی و انشاء کے دلچسپ ہنگاموں اور باہمی نوک جھونک کا حال آپ سُن آئے ہیں۔ اب ناسخ و آتش کے معرکوں کا ذکر سنئے:

حافظ غضب **ناسخ**: شیخ امام نام، ناسخ تخلص کرتے۔ آپ کے والد خدا بخش ایک دولت مند شخص تھے۔ بعض لوگوں کا خیال ہے کہ انہوں نے ناسخ کو بیٹا بنا کر پال لیا تھا۔ کیونکہ ناسخ کے حقیقی والدین بچپن ہی میں مر گئے تھے۔ خدا بخش نے اپنے بیٹے کی تعلیم و تربیت میں کوئی کسر اٹھا نہ رکھی۔ ان کا بچپن فیض آباد میں گزرا۔ لکھنؤ کو وطن بنا لیا تھا۔ تعلیم بچپن ہی سے باقاعدہ ہوئی تھی۔ ابتدا ہی سے پہلوانی کا شوق تھا، اس شوق نے انہیں ایک پہلوان ہی بنا کر چھوڑا۔ ان کا ڈیل ڈول بھی خوب تھا۔

بلند و بالا قد، مضبوط ہاتھ پیر، تن زیب کا کرتا اور ایک تہہ بند باندھے رہتے تھے۔ موسم گرما میں جبکہ سر منڈھا ہوا ہوتا، یہ صرف ایک تہہ بند کے ساتھ بیٹھ جاتے تو ایک بڑے شیر کا دھوکہ ہوتا۔ غذا بھی ایسی ہی معقول ہوا کرتی تھی۔ دن میں صرف ایک مرتبہ کھاتے اور تینوں وقت کی کسر نکال لیا کرتے تھے۔ کھانے کا طریقہ یہ تھا کہ بڑے بڑے کٹوروں میں مختلف سالن بھرے ہوتے۔ مرغ، قورمہ، نہاری اور طرح طرح کی ترکاریاں وغیرہ۔ خدمت گار ایک ایک کٹورہ آگے کو بڑھاتا جب اس کو کھا چکتے تو دوسرا پیش کیا جاتا۔ اسی طرح دیکھتے ہی دیکھتے سارے برتن خالی ہو جاتے۔۔۔ معمول تھا کہ پہر رات ہی سے ورزش شروع کر دیتے۔ صبح ہوتے ہی نہا دھو کر کپڑے پہن تیار ہو کر بیٹھ جاتے تھے۔ شاگرد و دوست احباب آنے شروع ہوتے۔ آدابِ محفل کا بہت خیال تھا۔ آپ گاؤ تکیے سے لگے بیٹھے ہوتے۔ شاگرد جس میں اکثر شرفا و امیر زادے ہوتے، فرش کے حاشیے پر خاموش بیٹھ جاتے۔۔۔ آپ کچھ سوچتے اور لکھتے رہتے۔ جب کاغذ قلم رکھ دیتے تب ان سب کی طرف متوجہ ہوتے۔ ہر ایک باری باری سے اپنی غزل سنانے لگتا۔۔۔ دوپہر کو جب سب رخصت ہوتے دروازہ بند

ہوتا اور دسترخوان بچھ جاتا۔ کوئی ڈھائی تین گھنٹے اس سے فارغ ہوکر کچھ دیر آرام کرتے۔ پھر عصر سے لوگ آنے لگتے۔ مغرب کے بعد محفل برخواست' ڈیوڑھی بند — خلوت میں چلے جاتے — کچھ دیر سونے کے بعد اٹھتے اور شعر و سخن میں مصروف ہوجاتے — اس وقت جبکہ سارا عالم خوابِ غفلت میں ہوتا — پچھلے پہر پھر ورزش شروع ہوجاتی۔

ناسخ زبانِ اردو کے محسنوں میں شمار ہوتے ہیں۔ زبان کی اصلاح میں ان کا بڑا حصّہ ہے۔ انھوں نے نامانوس اور کرخت الفاظ کو جو پہلے رائج تھے، ترک کردیا۔ زبان کی صفائی اور صحت کے لیے بہت کوشش کی — ناسخ کے لفظی معنی تنسیخ کرنے والے کے ہیں۔ انھوں نے چونکہ زبان کے غیر شائستہ عناصر کی تنسیخ کی تھی، اس لیے کہا جاتا ہے کہ اسی مناسبت سے ناسخ تخلص اختیار کیا تھا۔ ان کا کلام زبان کی خوبی اور شستگی کے اعتبار سے اہمیت رکھتا ہے۔ شاعری کی حیثیت سے اس کی آج کل کوئی قیمت نہیں۔ ناسخ کی دو اور خصوصیات خاص طور پر قابلِ ذکر ہیں۔ انھوں نے ہجو گوئی سے کبھی اپنی زبان کو آلودہ نہ کیا — اور تمام عمر کسی کی نوکری نہ کی۔

آتش

خواجہ حیدر علی آتشؔ، فیض آباد میں پیدا ہوئے۔ بچپن ہی میں والدین کا سایہ سر سے اٹھ گیا۔ خواجہ زادوں کے خاندان سے تھے۔ جہاں پیری مریدی کا سلسلہ بھی چلتا تھا، لیکن انھوں نے شاعری اختیار کی اور اسی میں کمال حاصل کیا۔ خاندانی طریقوں سے دُور ہی رہے۔ جب لکھنؤ پہنچے تو یہاں انشاؔ و مصحفیؔ کی دھوم تھی۔ یہ بھی مصحفیؔ کے شاگردوں میں شامل ہوگئے۔ علمیت زیادہ نہ تھی، مگر ذہانت بلا کی پائی تھی۔ مصحفیؔ جیسے استاد کی صحبت نے خوب چمکایا۔ بادشاہ سے اَسّی روپے ماہوار مقرر تھی۔ پچاس روپے بیوی بچّوں کو دے دیتے اور باقی دوست احباب اور غربا میں کھلا پلا کر مہینہ ختم ہونے سے پہلے ہی تنخواہ کا فیصلہ کردیتے۔

چھریرا بدن، میانہ قد، سادہ مزاج آدمی تھے۔ سپاہیانہ، اور رندانہ وضع تھی۔ یکھ خاندانی رنگ۔ فقیری کا بھی شامل تھا۔ بڑھاپے تک تلوار باندھے رہتے تھے۔ ایک بانکی ٹوپی سر پر رکھے جدھر چاہے نکل جاتے۔ اکثر ویرانوں اور شہر سے دُور جنگلوں میں پھرا کرتے۔ گھر پر ایک گھوڑا بھی بندھا ہوتا تھا۔ مہینے کے کچھ دن سخاوت و خیرات میں گزرتے ایک۔ آدھ دن فاقہ بھی برداشت کرلیتے تھے۔

اپنے زمانے کے بڑے استاد تھے۔ نام و نمود کی پروا نہ تھی کبھی کسی کی تعریف میں قصیدہ لکھا نہ کسی دربار میں جا کر کلام سنایا۔ ایک ٹوٹے پھوٹے مکان میں صاف بچھے ہوئے بوریئے پر، تہہ بند باندھے بیٹھے ہوتے، کوئی معمولی غریب یا شریف آتا تو متوجہ ہو کر کہتے ۔۔۔ امیر آتے تو پلٹ کر بھی نہ دیکھتے۔ بے چارے سلام کرکے گھٹنوں کے بل ہوتے ۔۔۔ اگر کوئی بار بار توجہ دلائے تو اس کی طرف متوجہ ہوکر کہتے "کیوں صاحب! بوریے کو دیکھتے ہو؟ لباس خراب ہوجائے گا: یہ تو فقیر کا تکیہ ہے۔ مسند تکیہ کہاں؟"

ناسخ و آتش یہ دونوں ایک دوسرے کے ہم عصر تھے۔

مشاعروں میں گھر بیٹھے روزانہ مقابلے ہوا کرتے۔ دونوں کے معتقد اور شاگرد کثیر تعداد میں تھے۔ جلسوں کو معرکے اور معرکوں کو ہنگامے بنا دیتے۔ ان کی چشمکیں سوداؔ، میرؔ، مصحفیؔ و انشاؔ کے زمانے کی یاد دلاتی ہیں۔ مگر یہ دونوں حضرات سوداؔ اور جناب انشاؔ کی طرح اپنے حریفوں سے دست و گریباں نہ ہوتے تھے۔

ایک مرتبہ جب آتشؔ نے ناسخؔ کی غزلوں پر متواتر غزلیں کہیں تو انھوں نے کہا ؎

ایک جاہل کہہ رہا ہے میرے دیواں کا جواب
بو مسلم نے لکھا تھا جیسے قرآں کا جواب

یہ سن کر آتشؔ آتشِ غضب سے چلّا اٹھے ؎

کیوں نہ دے ہر مومن اس ملحد کے دیواں کا جواب
جس نے دیواں اپنا ٹھہرایا ہے قرآں کا جواب

ان کی چشمکیں کب سے شروع ہوئیں، اس کا حال کچھ ناسخؔ کی زبانی سُنیئے:

"میرے حریف آتشؔ مصحفیؔ کے خاص شاگردوں میں سے تھے اور محاورہ بندی میں بڑا نام نکالا تھا۔ پہلی دفعہ فیض آباد سے

آئے اور کسی مشاعرے میں جب آتش نے میری غزلیں سنیں تو آتشِ رشک سے جل کر کباب ہی ہو گئے۔ اور سانپ کی طرح پیچ و بل کھا کر اس کا جواب لکھنا شروع کیا۔ اس وقت سے ان کا میرا بگاڑ شروع ہوا۔

یوں تو ناسخ بھی مصحفی سے فائدہ اٹھانے والوں میں شامل ہیں۔ مگر بظاہر کسی کے شاگرد نہ تھے۔ جبکہ خود ان کے اس بیان سے ظاہر ہے۔ کہتے ہیں کہ میر صاحب زندہ تھے۔ مجھے جو ذوقِ سخن نے بے اختیار کیا۔ اغیار کی نظریں بچا کر غزلیں ان کی خدمت میں لے گیا۔ مگر انھوں نے اصلاح نہ دی۔ میں نے سوچا میر صاحب کوئی فرشتہ تو ہیں نہیں، اپنے کلام کو آپ ہی اصلاح دوں گا۔ چنانچہ لکھتا اور رکھ چھوڑتا۔ چند روز بعد دیکھتا، جو کچھ سمجھ میں آتا اصلاح کرتا غرض اسی طرح مشق کا سلسلہ جاری رکھا، لیکن کسی کو دکھاتا نہ تھا۔ جب تک خوب اطمینان نہ ہوا، مشاعروں میں غزل نہ پڑھی مشاعروں میں جاتا سب کی سنتا مگر خود نہ کہتا۔ جب مصحفی و انشاء کے ہنگامے ختم ہوئے اور میدان صاف ہوا تو غزل پڑھنی شروع کی۔ زمانے کی غیر معمولی تعریف وتحسین نے اور بھی حوصلے بڑھائے۔ سہ غزلہ

اور چو غزلہ، غزلیں پڑھتا، مگر پھر بھی لوگ مشتاق ہی رہتے۔ جناب ناسخ کی حضرت میر سے اسی ملاقات کا ذکر کرتے ہوئے آزاد نے خوب لکھا ہے..... لیکن شیخ صاحب نے وہ کب کسی کو سنایا ہوگا؟___

ناسخ بہت خوش اخلاق واقع ہوئے تھے مگر اکثر اپنے خیالات میں ایسے محو رہتے کہ ایک غیر شخص ان کو خشک مزاج یا بد دماغ ہی خیال کرتا۔ ایک دن یہ اپنے خیالات میں غرق خانۂ باغ کے صحن میں ٹہل رہے تھے۔ کوئی ملاقاتی آگیا۔ اپنے قیمتی لمحات کا خون کرکے اخلاقاً اس سے رسمی گفتگو کرتے رہے۔ کچھ دیر بعد اٹھ کر ٹہلنے لگے تاکہ خود وہ صاحب بھی اٹھ کر چلے جائیں لیکن وہ حضرت اطمینان سے بیٹھے رہے۔ انھوں نے طرح طرح سے اپنی مصروفیت ظاہر کی، مگر وہ برابر جمے کے جمے رہے۔ نازک دماغ شاعر کی توجہ منتشر ہوگئی۔ غصّے میں حقّے سے ایک چنگاری اٹھا کر خس کی قیمتی چلمن پر پھینک دی۔ تھوڑی دیر میں آگ بھڑک اُٹھی۔ وہ صاحب گھبرا کر اٹھ کھڑے ہوئے۔ اور چلّایا کہ "شیخ صاحب! کچھ خبر بھی ہے کہ اِدھر آگ بھڑک رہی ہے؟"___ آپ نے بڑے اطمینان سے

ان کا دامن پکڑ لیا کہ "جاتے کہاں ہو؟ مجھے اور تمہیں بس جلکر خاک ہونا ہے۔ میرے سارے خیالات کا خون کر دیا میرے مضامین کو خاک میں ملایا اب کیا تمہیں جانے دونگا۔"

ایک دفعہ ایک امیرزادے ملاقات کو آئے۔ فرش پر چار چھے نہایت خوش نمائی وضع کے چمچے رکھے ہوئے تھے۔ انہوں نے پوچھا: جناب! یہ کہاں سے آئے؟" آپ نے اصلیت بیان کی اور بتایا کہ ایک انوکھی چیز ہے۔ کسی نے تحفہ بھیجا ہے۔" انھوں نے ایک چمچہ اٹھایا' دیکھ کر بڑی تعریف کی۔ دورانِ گفتگو میں چمچے کو زمین سے کھٹکھٹ کر شغلِ بیکاری کرتے رہے وہ نازک سے شیشے کے تھے، ذرا سی ٹھیس پر دو ٹکڑے ہوگئے ہے۔ آپ نے فوری دوسرا چمچہ اٹھا کر سامنے رکھ دیا اور بولے: "اب اس سے شغل فرمایئے۔" یہ واقعات ان کی نازک مزاجی کا پتہ دیتے ہیں۔

آتش بھی نازک مزاج تھے ضرور لیکن بہت ہی سیدھے سادے آدمی تھے ــــ ساتھ ساتھ خوش طبع اور ظریف بھی ــــ ان کے ایک شاگرد اکثر بےروزگاری کی شکایت کیا کرتے تھے، اور کسی دوسرے مقام کو سفر کا ارادہ ظاہر کرتے ــــ ایک دن وہ سامانِ سفر تیار کرکے ان کے پاس آئے اور کہا: "رخصت ہونے آیا ہوں"

پوچھا: "خیر تو ہے کیسی رخصت؟" وہ بولے: "آج کی گاڑی سے بنارس جارہا ہوں، کوئی فرمائش ہو تو فرمایئے۔" مسکراکر فرمایا: "ذرا وہاں کے خدا کو ہمارا سلام پہنچا دینا۔" انھوں نے حیران ہو کر اس کی تشریح چاہی ــــ فرمایا یہاں کا خدا بہت بخیل ہے، مگر وہاں کا خدا ضرور سخی ہوگا۔" اس غریب کی حیرت میں اضافہ ہوتا گیا پوچھا: "کیا یہاں اور وہاں کا خدا جُدا ہے؟" فرمایا: "جب وہاں اور یہاں کا خُدا ایک ہی ہے تو پھر ہم کو کیوں چھوڑتے ہو؟ وہ وہاں تمہاری جو مدد کرسکتا ہے، یہاں بھی کرے گا!" ــــ اتنا سننے کے بعد شاگرد نے اسی روز سفر کا ارادہ ترک کردیا۔

ناسخ کے متعلق لوگوں نے یہ مشہور کر رکھا تھا کہ ان سے ایک جن کو محبت ہوگئی ہے۔ کہتے ہیں ان کا معمول تھا کہ صبح ورزش کے بعد ایک بیسنی پراٹھا گھی میں تربتر کھایا کرتے۔ چند دنوں بعد وہ پراٹھا غائب ہونے لگا ــــ ایک روز یہ حضرت حسبِ معمول خلوت میں ورزش کر رہے تھے اور مگدر ہلا رہے تھے کہ سامنے ایک دوسرے پہلوان کو کھڑا پایا ــــ حیران ہوگئے اپنی پہلوانی پر ناز تھا فوراً پلٹ گئے دونوں کی کشتی ہونے لگی۔ آخر کو معلوم ہوا کہ ایک جن ہے

جس کو ان کی ورزش کا انداز پسند آگیا ہے اور وہ اُن سے محبت کرنے لگا ہے، روزانہ پراٹھا بھی وہی کھا جایا کرتا تھا۔ غرض اس دن سے دونوں کی دوستی ہوگئی۔ اس واقعہ پر آزاد نے خوب لکھا ہے ——"جن سے دوستی تو خیر کیا ہوتی؟ البتہ پُرخوری کے سبب لوگ کہتے ہیں کہ ان کے پیٹ میں جن تھا۔

صاحب فہم طبقے میں سیکڑوں حضرات ناسخ کے معتقد اور طرفدار تھے ——اور سیکڑوں آتش کے —— طرفین کو چمکا چمکا کر تماشہ دیکھتے —— ایک دن کسی نواب صاحب کے ہاں مشاعرہ مقرر ہوا وہ ناسخ کے معتقد تھے، ایک خلعت تیار کر رکھی تھی کہ جب وہ غزل پڑھ چکیں تو پیش کی جائے۔ کسی نے شرارت سے آتش کو طرح مصرع اس وقت بھیجا جبکہ مشاعرے کو صرف ایک دن باقی تھا۔ آتش بگڑ بیٹھے کہا کہ "اب لکھنؤ رہنے کا مقام نہیں رہا —— ہم تو نہ رہیں گے —" شاگرد جمع ہوئے اور سمجھایا کہ قبلہ! آپ خیال نہ فرمائیں، اتنے نیاز مند جمع ہیں کہ ایک ایک مصرع کہہ دیں تو صدہا اشعار ہوجائیں گے —" فرمایا: "کوئی ضرورت نہیں" اور اسی وقت ایک کاغذ وقلم لے کر شہر سے باہر نکل گئے۔ ایک بڑی ہی زور دار غزل تیار کر کے رات کو مشاعرے میں

شریک ہوئے۔ پہلے تو آپ کا انداز ہی بانکے سپاہیوں کا سا اور ایک بھری ہوئی قرابین ساتھ، پھر خود بھی غضب میں بھرے ہوئے عین ناسخ کے مقابل جا بیٹھے ـــ سامنے قرابین رکھی ہوئی تھی، بار بار اٹھاتے اور رکھ دیتے۔ جب شمع سامنے آئی تو سنبھل کر آگے ہو بیٹھے اور ناسخ کی طرف اشارہ کرکے پڑھنا شروع کیا ؎

سُن تو سہی جہاں میں ہے تیرا فسانہ کیا؟
کہتی ہے تجھ کو خلقِ خدا غائبانہ کیا؟

پوری غزل میں اپنے حریف پر طرح طرح سے طعن وطنز کیا ہے۔ کہیں ان کی مال و دولت کی طرف اشارہ کیا ہے تو کہیں ان کی شان و امارت کی طرف۔ غرض ہر شعر میں کچھ نہ کچھ چوٹ ضرور تھی، مقطعہ پڑھا ؎

ہاں مدّعی حسد سے نہ دے داد تو نہ دے
آتش! غزل یہ میں نے کہی عاشقانہ کیا؟

ناسخ بے چارے خاموش بیٹھے ہوئے تھے۔ کبھی کبھی مسکرا دیتے ـــ نواب صاحب بہت گھبرائے کہ خواجہ صاحب بہت غیض وغضب میں ہیں ـــ جانے وہ قرابین بے چارے ناسخ پر خالی ہوگی یا مجھ غریب پر!

فوراً دوسرا خلعت خواجہ صاحب کے لیے تیار کروایا ــــ اور دونوں کو عزت و احترام کے ساتھ رخصت کیا ــــ

ایک دوسرے مشاعرے کا ذکر ہے کہ حضرت ناسخ اس وقت پہنچے کہ محفل برخواست ہوچکی تھی۔ مگر چند شعراء اور حضرت آتش بھی تشریف رکھتے تھے۔ کچھ رسمی باتوں کے بعد آتش سے مخاطب ہو کر پوچھنے لگے: "جناب خواجہ صاحب! کیا مشاعرہ ختم ہوگیا؟" آتش صاحب نے جواب دیا: "جی ہاں! ختم ہوچکا، لیکن اس کو آپ کا اشتیاق تھا" ناسخ نے کہا ؎

جو خاص ہیں وہ شریکِ گروہ عام نہیں شمار دانۂ تسبیح میں امام نہیں

چونکہ امام بخش نام بھی تھا، اس لیے سب نے بڑی تعریفیں کیں۔ آتش بھی مسکرا کر چپ ہو رہے۔ مگر ان کے شاگردوں نے جواب میں یہ شعر کہا جس میں ناسخ کے لیے "لے پالک" ہونے کی طرف اشارہ ہے ؎

یہ بزم وہ ہے کہ لاخیر کا مقام نہیں
ہمارے گنجفہ میں بازی غلام نہیں

لیکن ناسخ کے شاگردوں نے بھی وہ جواب دیا کہ

بس لاجواب کر دیا ۔

جو خاص بندے ہیں، وہ بندۂ عوام نہیں
ہزار بار جو یوسف بکے غلام نہیں

کہا جاتا ہے کہ جب ناسخ کا انتقال ہوا تو آتش نے تاریخ کہی۔ اور اسی تاریخ سے شعر کہنا چھوڑ دیا۔ کہتے تھے کہ: "شعر کہنے کا لطف اپنے حریف کو سنانے کے ساتھ ہے جب وہی نہ رہا تو پھر شعر کس کے لیے کہیے؟ ـــــــ"

نظیر اکبر آبادی

نظیر خوش دل اور خوش مزاج واقع ہوئے تھے۔ ان کا شمار ان لوگوں میں تھا، جو زندگی کو ایک بوجھ یا مصیبت نہیں بلکہ قدرت کا ایک تحفہ اور عطیہ سمجھتے ہیں۔ زندگی پر ایک حکیمانہ نظر رکھتے ہوئے، اس سے خاطر خواہ لطف اندوز ہوتے ہیں، زندگی سے اٹکھیلیاں کرتے ہوئے ہنسی خوشی اپنی زندگی گزار دیتے ہیں۔

بچے عام طور پر بچپن میں اکثر روتے ہیں، مگر بچپن ہی سے نظیر بہت کم رونے کے عادی تھے۔ صاف ستھرے اور خوبصورت لوگوں کی گود میں شوق سے جاتے تھے۔ خود کی گردن میں اپنے ننھے ننھے ہاتھ ڈالے دیر تک کھیلا کرتے تھے۔ کوئی گندہ یا گھنی ڈاڑھی مونچھوں والا شخص گود میں اٹھا لیتا تو گھبرا کر رونے لگتے۔

نظیر کے والدین خوش حال گھرانے سے تعلق رکھتے تھے اور اولاد کے بڑے آرزومند تھے۔ نظیر کی ولادت سے پہلے ان کے ہاں بارہ بچے پیدا ہو کر مرگئے تھے۔ کہا جاتا ہے کہ ایک صاحبِ کرامت بزرگ نے ان کے والد کو پانچ پھول دیئے اور ہدایت کی کہ ان کو سونگھ کر پانی میں پھینک دینا۔ جب پھول پانی میں پھینکے گئے تو ایک سیدھا گرا باقی الٹے۔ شاہ صاحب نے بشارت دی کہ "جا بابا! خوش ہو، ایک لڑکا ہوگا، زندہ رہے گا، تیرے نام کو زندہ رکھے گا۔" نظیر جب پیدا ہوے تو بڑے ناز نخروں میں ان کی پرورش ہوی۔ جب کچھ ہوش سنبھالا تو ہاتھ میں کتاب دی گئی اور زمانے کے قاعدے کے مطابق تعلیم و تربیت شروع ہوی۔

آغازِ جوانی میں صاحبزادے نے خوب گل کھلائے۔ دنیا کا کوئی شغل اور لہو ولعب کی کوئی قسم ایسی نہ تھی جس کا ان کو شوق نہ ہوا ہو۔ کبھی شطرنج سے شوق فرما رہے ہیں، تو کبھی گنجفے و چوسر کی بازیاں چل رہی ہیں۔ کبھی پتنگ بازی کی سوجھی ہے تو کبھی کبوتر اڑا رہے ہیں۔ بٹیر پالے جارہے ہیں۔ کبھی تیراکی کے مقابلے میں بڑے ذوق و شوق سے حصہ لے رہے ہیں تو کسرت و پہلوانی کا شوق بھی

بھی جا رہی ہے۔ میلوں اور عرسوں میں بھی بن ٹھن کر جا رہے ہیں تو کبھی ہولی اور دیوالی کے ناچ رنگ میں بھی موجود ہیں۔ کبھی ریچھ کا بچّہ پالا اور سربازار نچاتے ہیں تو کبھی اور طرح طرح کے جانور اور نت نئے تماشے۔ غرض عجیب ہمہ گیر طبیعت کے انسان تھے۔ لیکن فطرت نے شاعر بنادیا تھا۔ آخر کو ایک بڑے شاعر ہوکر رہے۔

عنفوانِ شباب کا زمانہ تھا' جب نظیر اکبر آبادی دہلی سے آگرہ آئے۔ اس وقت انھیں شعر وسخن سے خاصا تعلق پیدا ہوچکا تھا۔ یہاں اکثر مشاعروں میں شریک ہوا کرتے۔ ان کے ہم عصر شاعر دوست بڑے بڑے بڑے استادوں کے شاگرد تھے۔ جو ان سے اصلاح لے کر مشاعروں میں غزلیں پڑھتے اور 'داد' حاصل کرتے تھے۔ لیکن حضرت نظیر اپنے آپ استاد تھے۔ خود ہی شعر کہہ لیا کرتے۔ ایک شگفتہ اور لطیف غزل تیار کی اور اپنے دوستوں کے ساتھ پہلے پہل ایک مشاعرے میں پڑھنے چل کھڑے ہوئے۔ اسی مشاعرے میں حضرتِ میرؔ بھی موجود تھے۔ اساتذۂ وقت کے آگے اپنی غزل پڑھتے ہوئے پہلے تو کچھ حجاب ہوا۔ آخر کو کچھ جھجکتے شرماتے ہوئے اٹھے اور یہ مطلع پڑھا۔

نظر پڑا اک بُتِ پری وش، نرالی سج دھج، نئی ادا کا
عمر جو دیکھو تو دس برس کی، یہ قہر، آفت غضب خدا کا

سبحان اللہ، ماشا اللہ سے ایک سما بندھ گیا۔ حضرت میرؔ کے مقدس لبوں پر بھی ایک تبسم کھل گیا۔ اور مسکراتے ہوئے فرمایا "پڑھو بھئی! کُلٌّ جدیدٌ لذیذٌ" دہلی کے چٹخارے تو مشہور ہیں۔ غرض غیر معمولی تعریف و تحسین کے ساتھ غزل اختتام کو پہنچی۔ میرؔ صاحب نے قریب بلا کر پیٹھ ٹھونکی اور فرمایا "عمرت دراز باد" اس پہلی غزل کی مقبولیت کا یہ عالم ہوا کہ لوگوں نے اسی وقت اشعار زبانی یاد کر لیے۔ اور بہت سوں نے گھر پر آ کر اس کی نقل لی۔ اب کیا تھا، صاحبزادے اپنی کامیابی پر پھولوں نہ سماتے اور جدھر جاتے داد پاتے۔

جس طرح نظیرؔ نے زندگی کے بے شمار رنگ دیکھے اور تجربے اٹھائے، اسی طرح ان کی شاعری بھی ہر قسم کے تنوع اور گوناں گوں وسعتوں کی حامل ہے۔ ان کی شاعری میں عاشقانہ کلام بھی ملتا ہے اور حکیمانہ خیالات بھی۔ زندگی کے ہر رُخ اور ہر شعبے کے متعلق ان کے پاس کچھ نہ کچھ ضرور ملتا ہے۔ بات بات پر نظمیں لکھا کرتے تھے۔ ہولی اور دیوالی کی مصروفیات پر نظمیں بھی ہیں۔ مختلف موسموں کی بہاروں کا حال بھی

"چوہے نامہ" "بلی نامہ" بھی لکھا ہے۔ روٹی اور کوڑی پر بھی طویل نظمیں ملتی ہیں۔

بچوں سے حضرت کو بڑی محبت تھی۔ اکثر اوقات محلے کے بچے گھیرے ہوے رہتے اور آپ ان کے بیچ میں بیٹھے ہنسی مذاق اور دل بہلائی کی باتیں کرتے جاتے تھے۔ کبھی کچھ قصے کہانیاں سناتے تو کبھی تفریحاً ان کے لیے نظمیں لکھ دیتے۔ بچے بڑے شوق سے کھیلتے کودتے ان کو زبانی یاد کرلیتے ـــــ ایک مرتبہ محلے کے کچھ بچے' ہاتھ میں ایک "بیا" لیے کھیلتے ہوے آئے۔ انھیں دیکھ کر نظیر نے کاغذ قلم اٹھایا اور بند پر بند لکھ کر نظم مکمل کی۔ ایک دلچسپ نظم بچوں کے ہاتھ میں تھی اور لڑکے گلی کوچوں میں گاتے پھرنے لگے۔ کبھی کوئی چھوٹی سی لڑکی پتلی پتلی گگڑیاں کھاتی ہوی سامنے آئی۔ اور ان کی گود میں بیٹھ کر ان کا ذائقہ بیان کرنے لگی۔ انھوں نے فوراً ایک نظم "لذیذ گگڑیوں" کی تعریف میں لکھ کر اس کے حوالے کردی۔ ایک طرف تو پُر گوئی اور مشاقی کا یہ عالم تھا لیکن دوسری طرف لکھنے کا جتنا شوق تھا' اس سے زیادہ ایک چیز کے لکھے جانے کے بعد اس سے لاپرواہی اور بے نیازی بھی تھی۔ جب دل چاہا لکھا اور پھینک دیا۔ دوست یا شاگرد اٹھالے گئے تو تبرک سمجھ کر محفوظ کرلیا

ان کا زیادہ کلام تو یوں ہی ضائع ہوگیا۔ اکثر لوگوں کی فرمائش پر لکھتے اور صاحبِ فرمائش کے حوالے کردیتے۔

ان کی شادی ابتدائے جوانی میں ایک اچھے گھرانے میں ہوگئی تھی۔ نظیر اکبر آبادی ایک خوش باش اور کسی قدر لاابالی انسان ہوتے کے باوجود بھی غیر معمولی خوددار اور غیور واقع ہوئے تھے۔ مختلف ریاستوں سے حضرت کو بار بار بلاوے آئے۔ بڑے بڑے نواب و راجاؤں نے خوشامدیں کیں۔ نواب سعادت علی خاں جو شعراء اور اہلِ قلم کے قدردان تھے، سفر خرچ بھیج کر بلوایا اور کہلا بھیجا کہ آپ کے کلام کی شہرت نے مشتاق بنایا ہے، اپنی تشریف آوری سے میرے دربار کو زینت بخشئے۔ لیکن انھوں نے کسی کی پرواہ نہ کی۔ بے نیازی کے ساتھ اپنی جگہ جمے رہے۔ کچھ رقم پاس ہوتی تو نہایت کھلے دل سے خیرات کردیتے۔ ان کے والد محمد فاروق کسی نواب کے ہاں مصاحب تھے۔ والد کے انتقال کے بعد نواب صاحب نے کہلا بھیجا کہ آ کر اپنے والد کا مال و اسباب، جو اب تک مقفل ہے، لے جائیں۔ لیکن صاحبزادے نے یہیں بیٹھے بیٹھے دو حرف لکھ دیئے۔ "میں ملتے بھر کا قلم ہلانے والا اتنے مال کے لیے کہاں مارا مارا پھروں؟ اُس

مال کو نکلوا کر وہیں خیرات کروا دیجئے۔"

سخاوت اور بے نیازی کے علاوہ مروّت اور دوستی کے بڑے پابند تھے۔ دوستوں سے نہایت خلوص برتتے کسی سے عداوت و رنجش کو دِل میں جگہ نہ دیتے۔ شرافت و صاف دِلی ان کا شیوہ تھا۔ کسی کی بدسلوکی بھی ان کو زیادہ دیر تک ملول نہ رکھ سکتی تھی۔ یہی وجہ ہے کہ نظیرؔ کا کلام ہجو وغیرہ سے بھی پاک ہے۔ حالانکہ ہجو نے اس زمانے میں ایک مستقل فن کی صورت اختیار کرلی تھی۔ اور پھر ظرافت و شوخی بھی جو ہجو کی جان ہے، حضرت کے مزاج میں کوٹ کوٹ کر بھری ہوئی تھی، لیکن اس اعلیٰ ظرف شخص نے کسی کی ہجو سے اپنی زبان کو آلودہ نہ کیا۔ جس طرح تمام عمر کسی کی ہجو نہ کی، اسی طرح کسی نواب یا رئیس کی مدح سرائی بھی نہیں کی۔ خوشامد اور چاپلوسی سے نفرت تھی۔ حالانکہ اکثر رئیسوں اور نوابوں سے ان کے بہت اچھے تعلقات تھے لیکن ان کے سارے کلیات میں ایک آدھ شعر بھی کسی کی تعریف میں نہیں ملتا۔ مزاج میں حلم و نرمی بہت تھی۔ خلافِ طبیعت کوئی بات ہوتی تو ماتھے پر بل نہ آنے دیتے۔ لوگوں نے انھیں بہت کم غصّہ ہوتے دیکھا ہے۔ خوش مزاجی، لطائف و ظرافت سے

محفل کو شگفتہ کر دیتے۔ طبیعت بہت انکسار پسند پائی تھی، چھوٹے سے چھوٹا آدمی بھی سلام کرتا تو دونوں ہاتھوں سے اس کا جواب دیتے آخر عمر میں حضرت نماز و روزے کے بھی پابند ہو گئے تھے۔ نماز کے سوا ہر صبح نہایت خوش لحن میں قرأتِ قرآن بھی فرماتے۔ مکان کے صحن میں نیم کے دو بڑے تناور درخت تھے۔ ان درختوں کے درمیان نیم کے گھنے سایے میں بوریا بچھا ہوا ہوتا۔ یہی آپ کی نشست گاہ تھی، جو کوئی آتا، اسی جگہ ملتے۔ انہی درختوں کے سایے میں زندگی بھر بیٹھا کیے ــــ اور مرنے کے بعد اسی جگہ دفن ہوے۔ جہاں زندگی میں لوگوں سے ملا کرتے تھے۔ وفات ہوی تو ہندو مسلمان کئی ہزار آدمی جمع ہو گئے۔ نمازِ جنازہ ایک عظیم الشان مجمع کے ساتھ ادا ہوی۔ ہندو شاگردوں نے تیسرے دن ان کے مزار پر بڑی دھوم دھام سے میلہ کیا۔

ان کے بڑھاپے کی ایک تصویر ملتی ہے۔ میانہ قد، ورزشی جسم، چوڑا سینہ، سرخی مائل رنگ، کتابی چہرہ، کچھ مونچھیں اور خشخاشی ڈاڑھی، سر پر ایک چکردار پگڑی، انگرکھے کے اوپر سے قدیم شان کا دوبٹہ انگلیوں میں انگوٹھیاں، ہاتھ میں آڑو کی چھڑی، آنکھوں سے ذہانت اور چہرے

سے بشاشت ٹپکتی، آخری عمر تک بھی نہایت ہی صحت مند و توانا رہے۔ باوجود یہ کہ سو برس کی عمر پائی۔ کبھی عینک کے محتاج نہ ہوے۔ ہاتھ میں چھڑی ضرور رکھتے ــــ اس لیے کہ بڑھاپے کا فیشن ہے، لیکن اس کے دستِ نگر کبھی نہ ہوے۔ اس زمانے میں بھی وہی زندہ دلی اور ظرافت مزاجی قائم تھی، مسکراہٹ سے بڑھ کر قہقہہ کبھی نہیں لگایا۔ کسی نشہ کی عادت نہ تھی ہاں حقّہ پیتے اور کثرت سے پیتے اور کبھی پان بھی کھا لیا کرتے۔

نظیؔر اُردو کے ایک بڑے شاعر تھے اور جو چیز ان کو دوسرے تمام قدیم شعراء سے ممتاز کرتی ہے، وہ ان کی شاعری ہے۔ کہ انھوں نے اپنی شاعری میں صحیح معنوں میں، اپنے زمانے اور اپنے ماحول کی صحیح ترجمانی کی ہے ــــ حقیقت یہ ہے کہ محمد قلی قطب شاہ اور قدیم دکنی ادب کے دیگر بڑے شاعروں کے بعد نظیؔر ہی اپنے ان لائق احترام پیشروؤں کے پہلے جانشین ہیں، جنھوں نے اپنے ملک اور اپنے عہد کی اپنے کلام میں بھرپور ترجمانی کی۔

محمد قلی قطب شاہ کی طرح نظیؔر نے بھی زندگی کو صحیح قد و خال اور اس کے حقیقی رنگ میں دیکھا اور سمجھا اور جس رنگ

میں انھوں نے زندگی کو دیکھا اور سمجھا ہے اس کی ماہرانہ عکاسی اپنی شاعری میں کی ہے۔ نظیؔر کی کلیات بھی محمد قلی کی طرح تصویروں کا ایک البم یا ایک آرٹ گیلری ہے جس میں اٹھارھویں صدی کی ہندوستانی زندگی اپنی تمام گوناگوں حیثیتوں کے ساتھ محفوظ کردی گئی ہے۔ نظیؔر کی شاعری کے اس حقیقت پسندانہ رُخ نے آج ان کو اُردو ادب میں ایک نہایت ہی اہم شخصیت کا مالک بنا دیا ہے۔ اگرچہ کہ بیسویں صدی کے ابتدائی زمانے تک بھی اُردو شعراء اور نقادانِ فن نے اردو کے اس مایۂ ناز شاعر کو ایک گوشۂ گمنامی میں ڈال رکھا تھا لیکن اردو شاعری آج اس فرسودہ اور غیر صحت مند ذوق سے نجات پا چکی ہے اور شعر و ادب کے نئے اصولوں کے پیشِ نظر محمد قلی کے بعد نظیؔر کو اردو کا سب سے بڑا حقیقت پسند شاعر کہا جاتا ہے۔

حالیؔ

غالبؔ ایک آراستہ و پیراستہ مکان میں مسند پر گاؤ تکیہ لگائے بیٹھے ہوئے کچھ سوچ رہے تھے۔ اور سامنے حالیؔ دو زانو مؤدب بیٹھے ہوئے اپنی ابتدائی کوشش کا نتیجہ ایک غزل سنا رہے تھے ـــــ جس کو سننے کے بعد غالبؔ نے کسی گہری سوچ سے چونک کر فرمایا "اگرچہ کہ میں کسی کو فکرِ شعر کی صلاح نہیں دیتا، لیکن تمہاری نسبت میرا خیال ہے کہ اگر تم شعر نہ کہوگے تو اپنی طبیعت پر ظلم کروگے۔"

.جوہر شناس استاد کے اس جملے نے نوجوان شاگرد کے حوصلوں کو بلند کیا۔ حالیؔ نے میٹھی میٹھی زبان میں شعر کہنا شروع کر دیا۔

ضلع پانی پت کے محلہ انصار کو ہمیشہ اس بات کا فخر رہے گا کہ حالی کی سی غیر معمولی ہستی نے یہیں کے ایک شریف اور معزز گھرانے میں جنم لیا ـــــ ان کے والد ایک معمولی انصار تھے اور والدہ سادات کے معزز خاندان سے تعلق رکھتی تھیں۔ چونکہ ماں باپ کمسنی میں ہی رخصت ہو چکے تھے، اس لیے حالی نے بھائی بہنوں کی سرپرستی میں تربیت پائی۔ ابتدائی تعلیم گھر پر ہی ہوئی۔ چھوٹی سی عمر میں قرآن حفظ کیا۔ اس کے بعد ایک مشہور عالم سے فارسی اور عربی پڑھنی شروع کی۔ ابھی سترہ ہی سال کے تھے کہ شادی کر دی گئی۔ اس بارے میں خود لکھتے ہیں: "میری عمر ابھی سترہ سال کی تھی بھائی کی نوکری پر گزارہ تھا ـــــ جب بڑے بھائی بہنوں نے شادی پر مجبور کیا تو میں زیادہ انکار نہ کرسکا کہ ان کو اپنے والدین کے برابر سمجھتا تھا ـــــ بیوی بڑے گھر کی تھیں، میکا آسودہ حال تھا۔ شادی کے بعد سب کی خواہش ہوئی کہ ملازمت کی تلاش کرو۔ جس وقت تعلیم چھڑوائی گئی، اس وقت فارسی اور عربی ادب سے ان کو کافی دلچسپی پیدا ہو چلی تھی اور علم کا شوق بڑھتا جا رہا تھا، اس عالم میں شادی کی زنجیروں میں جکڑ دیا جانا اور پھر ملازمت کرنے پر مجبور کرنا، اس وجہ سے

ان دنوں ان کی اندرونی دنیا اور خارجی حالات کے درمیان ایک زبردست جنگ جاری تھی اور وہ ان دو متضاد قوتوں کے درمیان ایک عجیب کش مکش اور پریشانی کے عالم میں تھے۔

آخر ایک اندھیری اور پُرسکون یں میں جبکہ سارا عالم خوابِ غفلت کے مزے لوٹ رہا تھا، ساری کائنات سوئی ہوئی تھی، حالیؔ نیند سے چونک پڑے، جیسے کسی نے جھنجوڑ کر جگا دیا ہو ـــــ تاریکی و خاموشی تھی، اپنی ساری کتابیں اور پڑھنے لکھنے کا سامان اٹھایا سوتی ہوئی بیوی پر ایک آخری نظر ڈالی اور گھر سے نکل پڑے۔

جب دہلی پہنچے تو وہاں ان کو دنیا ہی نئی نظر آئی غالبؔ، مومنؔ کا زمانہ تھا، شعر و شاعری کی محفلیں گرم تھیں، علوم و فنون کی فضا ہر طرف چھائی ہوئی تھی۔ یہاں پہنچ کر ان کو ایک سکون سا محسوس ہوا، غالبؔ کی صحبت میں رہتے، شعر و سخن کے مباحثوں میں دلچسپی لیتے۔ اُردو و فارسی کے مشکل اشعار، انھیں سے پوچھ لیا کرتے۔ غالبؔ نے اپنے چند فارسی قصائد بھی ان کو پڑھائے۔ جوہر شناس استاد تھے، شاگرد کی غیر معمولی ذہانت و قابلیت سے متاثر ہوئے۔ حالیؔ بھی اس شعر و سخن کے ماحول سے متاثر ہوئے

بغیر نہ رہ سکے۔ ایک غزل لکھ کر غالبؔ کو سنائی غالب اپنے ملنے والوں کو اکثر فکرِ سخن سے منع کیا کرتے تھے۔ لیکن ان کے متعلق جس خیال کا اظہار کیا، وہ تو آپ پہلے ہی پڑھ چکے ہیں۔ جب تک دہلی میں رہے، غالبؔ کی صحبت نہ چھوڑی۔

مرزا غالبؔ کی موت کا ان کو سخت صدمہ ہوا، بعد کو انھوں نے ایک اچھی سی سوانح بھی تصنیف کی جو "یادگارِ غالب" کے نام سے مشہور ہے۔

دہلی کے اُجڑ جانے کے بعد یہ فکرِ معاش میں جہانگیر آباد چلے آئے۔ یہاں نواب مصطفیٰ خاں شیفتہؔ کی صحبت ملی۔ جو دہلی کے بڑے بڑے رئیسوں میں شمار ہوتے تھے۔ نواب صاحب شاعری کا نہایت ہی پاکیزہ ذوق رکھتے تھے۔ بلند پایہ شعر کہتے تھے اور اُردو فارسی دونوں زبانوں میں کہتے تھے۔ وہ مومنؔ کے شاگرد تھے۔ مگر مومنؔ کی وفات کے بعد غالبؔ کو اپنا کلام دکھانے لگے تھے۔ حالیؔ یوں تو شاگرد غالبؔ کے تھے ـــــ لیکن زیادہ تر شیفتہؔ سے متاثر ہوئے جیسے ایک جگہ کہا بھی ہے ؎

حالیؔ سخن میں شیفتہؔ سے مستفیض ہے
غالبؔ کا معتقد ہے مقلد ہے میرؔ کا

ایک اور مقام پر لکھتے ہیں: "مجھے مرزا غالب کی شاعری سے اتنا فائدہ نہیں ہوا جس قدر نواب شیفتہ کی صحبت سے ۔۔۔" شیفتہ کی وفات کے بعد کسی اسکول کے ٹیچر ہو کر دہلی چلے آئے۔ یہاں سرسید جیسے دل و دماغ کی صحبت ملی۔ سرسید کی صحبت بعد کو حالی کی شخصیت میں ایک زبردست انقلاب کا باعث ہوئی۔ سرسید نے ان کو اس بات کی ترغیب دی کہ مسلمانوں کی موجودہ پستی اور ان کی خراب و خستہ حالت کو اگر نظم میں بیان کیا جائے تو بہتر ہے حالی خود بھی اس خصوص میں دلچسپی رکھتے تھے ــــــ وہ مسلمانوں کے حال پر کئی بار آنسو بہا چکے تھے، ان کی ذلت اور پھر غفلت پر ان کا دل بہت دکھتا تھا، مسلمانوں کی کھوئی ہوئی عظمت اور اُن کی محوکی ہوئی شان و شوکت کے افسانے سُن سُن کر وہ تڑپ جایا کرتے تھے۔ اس پر سرسید کے مشوروں نے تازیانہ کا کام کیا۔ چنانچہ انھوں نے "مدوجزر اسلام" کے نام سے ایک طویل نظم لکھنی شروع کی جو "مسدسِ حالی" کے نام سے مشہور ہے۔ اس نظم میں انھوں نے اسلام کے طلوع اس کا عروج اور مختلف مدارج میں اس کی مختلف حالتوں کا ایک حسرت خیز نقشہ کھینچتے ہوے مسلمانوں کے موجودہ مادّی اور روحانی افلاس کا ایک عبرتناک

خاکہ پیش کیا ہے۔ حقیقت یہ ہے کہ اس طویل مسدس کا ہر مصرعہ درد و حقیقت سے معمور ہے اور یہی سبب تھا کہ اپنے مخالفین کو اس نے اس درجہ جھنجوڑ کر جگایا کہ دیکھتے ہی دیکھتے سارے ہندوستان کے طول و عرض میں اس کی آواز گونجنے لگی۔ ہر مسجد و محفل میں اس کے اشعار گائے اور گنگنائے جانے لگے۔ جب پہلی مرتبہ یہ نظم شائع ہوئی اور حالیؔ نے سرسید کے پاس اس کا ایک نسخہ بھیجا تو سرسید نے اس کی شاعرانہ عظمت اور قوم کے حق میں اس کے اندر آبِ حیات کی سی تاثیر پوشیدہ دیکھ کر فرمایا کہ "اس مُسدس کی اشاعت اس قدر عام ہونی چاہیئے کہ مسجدوں کے منبروں پر امام اپنے خطبے میں اس کے اشعار پڑھیں، قوالیوں میں گویئے اس کے بند گایا کریں، اور گلیوں میں لڑکے اس کے اشعار گنگنایا کریں اور محفلوں میں طوائفین اسی مسدس کے حصے سُنا کر شائقین کو محظوظ کیا کریں"۔

سرسیّد فرماتے تھے کہ: "مرنے کے بعد خدا پوچھے گا کہ دنیا میں کیا کر آیا ہے؟ تو کہوں گا حالیؔ سے مسدس لکھوا آیا ہوں"۔

اقبالؔ کہا کرتے تھے: "اگر میں حالیؔ کا مسدس نہ

پڑھتا تو اقبالؔ نہ بنتا"۔

سرسید کی صحبت نے حالیؔ کو قدیم اردو شاعری سے برگشتہ کرنا شروع کیا۔ قدیم اُردو شاعری صرف عشق و محبت کی داستانوں پر مبنی تھی اور پھر یہ داستانیں بھی حد درجہ غیر فطری اور خود حالیؔ کے الفاظ میں "جھوٹے مبالغوں کا ایک ناپاک دفتر" کی حیثیت رکھتی تھیں؛

حالیؔ نے اردو شاعری میں حقیقت پسندی کا سور پھونکا اور اپنی مشہور تصنیف" مقدمۂ شعر و شاعری میں قدیم اردو شاعری پر سخت تنقید کی اور اردو دنیا کو فطرت پسندی اور حقیقت نگاری کی اس نئی شاہراہ پر آنے کی دعوت دی۔ حالیؔ کی اس تصنیف کو اردو شاعری کی دنیا میں ایک انقلاب آفریں کارنامہ سمجھا جاتا ہے۔ اس کے بعد شعر و ادب کا ایک نیا دَور شروع ہوا۔ آج کی اُردو دنیا میں ترقی پسند ادب، جدید ادب وغیرہ کی جو تحریکیں نظر آتی ہیں، ان کا حقیقی بانی حالیؔ ہی کو سمجھنا چاہیئے۔

داغ

ولادت ۱۲۴۶ھ وفات ۱۳۲۶ھ

شگفتہ فطرت، رنگین طبع، عاشق مزاج شاعر تھے۔ نہایت شوخ و شریر چلبلے غزل گو تھے ــــ غالب اور مومن کا آخری زمانہ تھا اور میاں داغ کے لڑکپن کی آخری بہار ــــ شعر و سخن کا بازار گرم تھا ــــ اُردو انھیں باکمال شعراء کی آغوش میں پروان چڑھ رہی تھی ــــ ذوق کے شاگرد کثرت سے تھے۔ ہر مشاعرے میں یہ مع اپنی اُمّت" کے تشریف لاتے۔ حضرت ذوق کی اس "امّت" والی فہرست میں نواب مرزا داغ کا نام سب سے پہلے لکھا جائے گا۔

داغ ــــ دراز قد، ورزشی جسم کے مالک تھے ــــ سیاہی مائل رنگ تھا۔ اگرچہ کہ داغ کے رُخساروں پر کچھ ہلکے ہلکے داغ بھی تھے

گر چہرے پر غضب کی ملاحت اور نرمی تھی۔ خدوخال نہایت دلکش تھے۔ بہت ہی آن بان سے رہتے۔ ان کا کمرہ بہت ہی آراستہ و پیراستہ رہتا تھا۔ ایک جانب چاندی کا پلنگ، جس پر سفید ریشمی بستر بچھا ہوا، دوسری جانب میز پر کتابیں قرینے سے جمی ہوتیں، نیچے ایرانی قالین کا فرش، موسم سرما میں چاندی کی ایک بڑی انگیٹھی کمرے کے وسط میں رکھی ہوتی اور چاندی کی ایک چھوٹی سی میز پر ان کے شائع شدہ دیوان دھرے ہوتے۔

ان کی آواز رسیلی اور پاٹ دار تھی۔ آواز کی یہ خوبی کلام کی تاثیر میں اضافے کا باعث ہوتی۔ داغؔ زبان پر کافی قدرت رکھتے تھے۔ تَصَنُّع اور فارسی ترکیبوں سے پاک سیدھی سادی اور میٹھی میٹھی زبان میں شعر کہتے تھے۔ چلبلا پن اور شوخی ان کا طرۂ امتیاز تھا۔

مرزا داغؔ رئیسِ فیروز پور نواب شمس الدین خان کے بیٹے تھے۔ دہلی میں پیدا ہوئے۔ ابتدائی تعلیم و تربیت وہیں پائی۔ ان کے والد کی وفات کے بعد جبکہ داغؔ کا ابھی بچپن ہی تھا، ان کی والدہ نے ایک بڑے رئیس مرزا فخرو سے نکاح کر لیا تھا، اس طرح داغؔ نے

عہدِ طفلی ہی سے "قلعۂ معلیٰ" میں تعلیم پائی۔ مرزا فخرو کے ساتھ داغ نے بھی زانوئے ادب تہ کیا۔ قلعۂ معلیٰ کی زبان شعر و سخن کے چرچے رنگین مجلسیں، پھر ذوق کی شاگردی، ان کا فطری ذوق بھی چمک اُٹھا اور یہیں سے شعر و شاعری سے خاص دلچسپی ان میں پیدا ہوگئی۔ ابھی سترہ اٹھارہ ہی کا سن تھا کہ مشاعروں میں پڑھتے اور تعریف و تحسین حاصل کرنے لگے۔ داغ اُردو زبان کے محسن ہیں۔ اُردو ان کو پیاری تھی۔ زبان پر مہارت تھی۔ کس قدر فخریہ انداز میں کہتے ہیں ؎

اُردو ہے جس کا نام، ہمیں جانتے ہیں داغ
ہندوستاں میں دھوم ہماری زباں کی ہے

نہیں کھیل اے داغ یاروں سے کہہ دو
کہ آتی ہے اُردو زباں آتے آتے

دہلی کی تباہی کے کچھ عرصہ بعد، جب حیدرآباد آئے تو نواب میر محبوب علی خاں آصف سادس کا زمانہ تھا، چند ہی دنوں میں سرکار تک رسائی ہوگئی۔ حضور نظام کے استاد مقرر ہوئے۔ اور "ناظم یار جنگ" دبیر الدولہ، نواب فصیح الملک " کے

خطابات سے سرفراز ہوئے۔ اٹھارہ برس تک یہیں رہے، زندگی میں جو مقبولیت و شہرت، نام و عزّت یہاں داؔغ کو حاصل ہوئی، یہ کوئی معمولی بات نہ تھی۔ اس کے علاوہ جس قدر فارغ البالی اور خوش حالی کے مواقع ان کو حاصل تھے، اُردو کے بہت ہی کم شعراء کو حاصل ہوئے۔

داؔغ کے کلام کی مقبولیت کا یہ عالم تھا کہ غزل رات کو کسی مشاعرے میں پڑھی گئی اور صبح ہوتے ہوتے، کوچہ و بازار میں لوگوں کی زبان پر ــــ اس زمانے کے ایک بڑے شاعر ایسے بھی تھے جو داؔغ کی عام مقبولیت پر حد درجہ رشک کرتے۔ ایک روز سرِ راہ داؔغ کی سواری آرہی تھی روک کر پوچھا: "حضرت! آج آپ کا اور میرا فیصلہ ہوجائے ــــ سچ فرمائیے اچھا شعر میں کہتا ہوں یا آپ؟" آپ نے مسکراکر فرمایا: "جناب! شعر تو آپ ہی اچھا کہتے ہیں۔ لیکن اس کا کیا علاج کروں کہ لوگ میرے ہی اشعار پسند کرتے ہیں۔" بیچارے شرمندہ ہوکر چلے گئے۔

ایک روز نماز پڑھ رہے تھے، کوئی دوست آئے اور نماز پڑھتا ہوا دیکھ کر واپس ہوگئے۔ جیسے ہی آپ نے نماز ختم کی، نوکر

نے اطلاع دی کہ فلاں صاحب آئے تھے اور چلے گئے۔ حکم دیا: "فوری بلا لاؤ" وہ آئے تو پوچھا: "کیوں صاحب! آئے اور چلے گئے؟" کہنے لگے: "جناب نماز پڑھ رہے تھے۔" مسکرا کر فرمایا: "حضرت! میں نماز پڑھ رہا تھا، لاحول تو نہیں پڑھ رہا تھا جو آپ بھاگ گئے۔"

ان کا کھانا بڑے اہتمام کا ہوتا تھا۔ مختلف کھانے طرح طرح کے سالن، مربّے، آچار، میٹھے وغیرہ۔ ایک مرتبہ کسی شاگرد نے ہرن کے کباب کھلائے۔ دوسری مرتبہ اُن سے فرمائش کی کہ "بھئی! ایک دن تم نے جو ہرن کے کباب کھلائے تھے، اس مزے کی چاٹ تھی کہ اب تک زبان چاٹتا ہوں۔" شاگرد نے خوش ہوکر اسی وقت استادِ محترم کی فرمائش پوری کی۔ اس زمانے میں جبکہ حیدرآباد میں مقیم تھے ان کے پاس ایک خط بھیجا جس میں صرف یہ مصرعہ لکھا تھا ع

نہیں ملتی یہاں ہرنی ترستا ہوں کبابوں کو

داغؔ اکثر علیل رہا کرتے تھے۔ بعض دفعہ ایسا بھی ہوا کہ ان کی وفات کی جھوٹی خبریں شائع ہوگئیں اور اکثر دفعہ تو قطعات و تاریخ وفات وغیرہ بھی شائع ہوگئے۔ ایسی ہی ایک افواہ کے

بعد کسی دوست کے خط میں لکھتے ہیں :

"دوستوں نے میری بد خبر اڑا دی اور حال یہ ہے کہ میں بہ فضلِ الٰہی صحت مند و تندرست ہوں۔ بیماری جاتی رہی، میں باقی رہ گیا۔ دشمن داغ کا کیا دل جلانا چاہتے ہیں۔ خدا ان کو داغِ دل نصیب کرے"۔۔۔۔ اسی قسم کے ایک اور خط میں لکھتے ہیں: "آپ نے میرے انتقال کی جو خبر سُنی، اس کو میں سچ سمجھتا ہوں کیونکہ ع

روز مرتا ہوں روز جیتا ہوں زندگی کا کوئی حساب نہیں

آپ نے ایک مرتبہ میرے مرنے کی خبر سنی، میں ہر سال سنتا ہوں، اور اس کو اپنی سالگرہ سمجھتا ہوں"۔

جب کوئی داغ کے شاگردوں شامل ہوتا تو حسبِ ذیل شعراء کے نام سے فاتحہ خوانی کا ضروری حکم دیا جاتا حضرت علی کرم اللہ وجہہٗ، حضرت سعدیؒ، حافظؒ، خسروؒ اور اپنے استاد ذوق اور ذوق کے استاد شاہ نصیر کے نام سے بھی۔ مگر ذوق کے نام پر اکثر ان کی آنکھوں میں آنسو لہرانے لگتے۔۔۔۔ داغ کا انتقال حیدر آباد ہی میں ہوا اور وہ درگاہِ یوسفین میں دفن ہیں۔

اقبال

ولادت: ۱۸۷۳ء وفات: ۱۹۳۸ء

اقبال کے آبا و اجداد کشمیری برہمن تھے۔ اسلام قبول کرکے سیالکوٹ میں آباد ہوگئے تھے۔ اقبال اسی خاندان کے چشم و چراغ تھے۔ ان کے والد شیخ نور محمد ایک صوفی منش، نیک بزرگ اللہ والے تھے۔ سارے شہر میں وہ اپنی نیکی اور پرہیزگاری کی وجہ سے قابلِ احترام اور ہر دلعزیز تھے ان کی والدہ نیک و خدا ترس خاتون تھیں۔ ان کی ایمان داری اور دیانت داری کی وجہ سے محلے کی خواتین اپنی امانتیں ان کے پاس رکھواتیں محلے کی بہو بیٹیاں ان سے دینی تعلیم حاصل کرتیں اور قرآن سیکھتیں۔ سیالکوٹ میں اقبال کے والدین بڑی ہی عزت و احترام کی نظر سے دیکھے جاتے تھے۔

اقبالؔ کی پیدائش سے قبل ان کے والد نے خواب دیکھا وہ ایک میدان میں کھڑے ہیں ــــ ایک خوب صورت سفید پرندہ آسمان سے اُڑتا ہوا نیچے کی طرف آرہا ہے۔ لوگ اس کو پکڑنے کی کوشش میں دوڑ رہے ہیں، لیکن وہ پرندہ اچانک ان کی گود میں آکر بیٹھ جاتا ہے ــــ صبح فجر کی اذاں کے ساتھ ہی ان کے گھر میں یہ اقبال مند بیٹا پیدا ہوا۔ باپ نے خواب کی تعبیر خود ہی دی۔ کہ "میرا یہ بیٹا بڑا ہو کر بہت نام پیدا کریگا" اور اسلام کی خدمت کرے گا ــــ" باپ کی دِلی خواہش اور دعا اسی طرح پوری ہوی ان کا بیٹا بڑا ہو کر شاعرِ مشرق علامہ اقبال کہلایا۔

اقبالؔ بچپن ہی سے بڑے ذہین، پڑھنے کے شوقین طالبِ علم تھے۔ ویسے کھیل کود اور شرارتوں میں بھی پیچھے نہ رہتے ــــ کبوتر پالنے اور پتنگ اڑانے کا شوق تھا۔ لیکن حاضر جوابی میں کوئی ان کی برابری نہ کرسکتا تھا۔ دسویں جماعت ہی سے ان کی شاندار کامیابیاں شروع ہوگئیں۔ گورنمنٹ کالج لاہور سے انگریزی، فلسفہ اور عربی میں نہ صرف امتیازی کامیابی حاصل کی بلکہ تمغے و انعامات بھی

حاصل کیے۔ تعلیم کے ساتھ ساتھ مشاعروں بھی شریک ہوتے اور داد حاصل کرتے ــــ اسکول کے زمانے سے ہی شعر کہنا شروع کردیا تھا ــــ لوگ ان کا کلام سنتے اور ان کی عمر کو دیکھ کر حیران ہوجاتے تھے ــــ کسی مشاعرے میں کلام سناتے ہوئے جب اس شعر پر پہنچے ؎

موتی سمجھ کے شانِ کریمی نے چُن لیے
قطرے جو تھے مرے عرقِ انفعال کے

اس شعر پہ اردو دنیا چونک گئی۔ لوگوں نے دل کھول کر داد دی۔ جب ترنّم سے اشعار پڑھتے تو ہزاروں کے مجمع پر سکوت چھا جاتا۔ ابتدا میں انھوں نے داغؔ دہلوی سے اصلاح لینی چاہی۔ لیکن انھوں نے ان کے کلام کو یہ کہہ کر واپس کردیا ــــ "میاں! اس کلام میں اصلاح کی گنجائش نہیں"

اقبالؔ کے فلسفے کا مرکز "کامل ترین انسان" کی نشو نما ہے، ان کے اپنے الفاظ میں "مردِ مومن" ــــ اقبالؔ کہتے ہیں کہ آدمی کو انسانیت کی بلند ترین چوٹی پر پہنچنے کے لیے مذہب کی ضرورت ہے اقبال کے خیال میں مذہب کی صداقت اور قدر و قیمت کا معیار یہی

ہے کہ وہ انسانِ کامل بنانے میں پوری پوری مدد کرے۔ ان کی شاعری پیغمبرانہ تصورات کی حامل ہے ـــ روح کی بیداری ہے۔

اقبال ایک قبول صورت اور جاذب نظر نوجوان تھے۔ میانہ قد، ورزشی جسم، سُرخ و سفید رنگ، کشادہ پیشانی، سر کے بال کنگی سے پیچھے کی طرف الٹے ہوئے رہتے۔ پنجابیوں کی طرح قمیص واسکوٹ اور شلوار پہنتے تھے۔

اقبال کا دل عشقِ رسول سے معمور تھا، جہاں کہیں آپؐ کا نام آ جاتا، اقبال کے چہرے پر احترام کے جذبات اُبھر آتے بے چین ہوجاتے، اکثر آب دیدہ ہو جاتے تھے۔ قرآن حکیم کو بہت ہی خوش الحانی سے پڑھتے۔ ان کے بیٹے جاوید اقبال کا کہنا ہے کہ انھیں اسلام کے سپہ سالاروں سے بے حد عقیدت تھی۔ اکثر اوقات ہمیں خالد بن ولید اور فاروق اعظم کے قصے بڑے انہاک اور دلچسپی سے سنایا کرتے تھے۔

اقبالؔ اعلیٰ اخلاق کے حامل تھے۔ طبیعت میں شگفتگی تھی۔ ہر وقت مسکراتے رہتے۔ غصہ کبھی نہ کرتے۔ جھوٹ سے نفرت تھی کھلے دل و اعلیٰ ذہن کے انسان تھے۔ بزرگوں کا ادب، چھوٹوں سے

شفقت ان کا شیوہ تھا۔ ملازم سے حسنِ سلوک رہتا۔ اقبال کو اپنی ماں سے بڑی گہری محبت تھی۔ ان کی خدمت میں دلچسپی لیتے تھے والد کو بھی بہت چاہتے تھے۔ اقبال کہا کرتے تھے کہ بچپن میں والد صاحب رسولِ پاکؐ کی سیرت مجھ سے اس طرح بیان کرتے تھے کہ وہ واقعات میرے دل پر نقش ہوجاتے تھے۔

اقبال نے فلسفۂ اسلام کا تحقیقی مطالعہ کیا تھا وہ اسلام کی حقیقی اسپرٹ سے پوری طرح واقف تھے ــــ مغربی علوم اور مغربی فلسفہ کی تکمیل انھوں نے مغربی درس گاہوں میں حاصل کی تھی۔ وہ مغربی فلسفے سے بھی آگاہ تھے اور مشرقی فلسفے کی بھی کوئی خوبی و خامی ان کی نظر سے پوشیدہ نہیں تھی ــــ اللہ تعالےٰ نے انھیں چشمِ بصیرت عطا کی تھی۔

اقبال کے فلسفے کا مرکز "کامل ترین انسان" کی نشو نما ہے ان کے اپنے الفاظ میں "مردِ مومن" ــــ اقبال کہتے ہیں کہ آدمی کو انسانیت کی بلند ترین چوٹی پر پہنچنے کے لیے مذہب کی ضرورت ہے۔ اقبال کے خیال میں مذہب کی صداقت و قدر و قیمت کا معیار یہی ہے کہ وہ انسانِ کامل بنانے میں پوری پوری مدد کرے ــــ ان کی شاعری

پیغمبرانہ تصورات کی حامل ہے ۔۔۔۔ روح کی بیداری ہے۔
اقبال کی شخصیت کا مرکز رسول اکرمؐ کی ذاتِ مبارک ہے۔ ان کی کتاب "اسرارِ خودی" میں ان کے اشعار قرآنِ حکیم کی تعلیمات کے علمبردار ہیں ۔۔۔۔ کہتے ہیں کہ خود کو پہچانو ۔۔۔۔ دنیا میں جو کچھ ہے سب تمہارے لیے ہے ۔۔۔۔ اپنے دل سے ڈر خوف اور مایوسی کو نکال پھینکو ۔۔۔۔ دریاؤں میں کود پڑو ۔۔۔۔ لہروں سے لڑو ۔۔۔۔ چٹانوں سے ٹکرا جاؤ ۔۔۔۔ کیونکہ زندگی پھولوں کی سیج نہیں ۔۔۔ میدانِ کارزار ہے ۔۔۔۔

اقبال اپنے کشمیری برہمن ہونے پر فخر کرتے تھے۔ اور کشمیری ذہانت کی تعریفیں کرتے تھے۔ دوستِ احباب کو ایک لطیفہ سنایا کرتے تھے ۔۔۔۔ ایک دفعہ ایک کشمیری کی شیطان سے دوستی ہوگئی۔ دونوں نے مل کر کاشت کرنے کی سوچی۔ شیطان نے فیصلہ کیا کہ زمین کے اندر کی پیداوار تمہاری ہوگی اور زمین کے اوپر والی میری ۔۔۔۔ کشمیری نے یہ شرط قبول کرلی اور آلو بو دیئے ۔۔۔۔ شیطان جھلا گیا اور بولا اب کی بار جو کاشت ہوگی تو میں زمین کے اندر والی پیداوار لوں گا اور تم اوپر والی لینا ۔۔۔۔ کشمیری نے اس شرط کو بھی

خندہ پیشانی سے قبول کرلیا اور اس دفعہ گنّے کی کاشت کردی۔ فصل تیار ہوگئی تو کشمیری کے حصّے میں سارے گنّے آگئے اور شیطان کے حصّے میں صرف جڑیں ـــــ اس طرح کشمیری کی ذہانت سے شیطان بھی نہ جیت سکا ـــــ اقبال کالج میں تھے، فلسفے کی کلاس میں استاد نے قدرے برہمی سے دریافت کیا: "کیا بات ہے اقبال! ہمیشہ دیر سے آتے ہو؟" بڑے ادب سے جواب دیا: "جناب! اقبال ہمیشہ دیر ہی سے آتا ہے۔" استاد ان کی حاضر جوابی و ذہانت کی داد دیئے بغیر نہ رہ سکے۔

لندن یونیورسٹی میں پروفیسر آرنلڈ کے بڑے چہیتے شاگرد تھے۔ اقبال کی ذہانت سے متاثر ہو کر ہی آرنلڈ نے کہا تھا کہ "ذہین شاگرد استاد کو ذہین تر بنا دیتا ہے۔" ان کی حاضر جوابی کا ایک اور واقعہ یوں ہے۔ جب انگلینڈ میں پڑھ رہے تھے ایک پارٹی میں ان کے چند انگریز دوستوں نے اقبال کو لاجواب کرنے کی ترکیب سوچی اور بھری محفل میں اُن سے پوچھ بیٹھے ـــــ مسٹر اقبال! جب خدا سارے رسولوں میں آپ کے رسول کو زیادہ چاہتا ہے تو پھر ان کے نواسے حسینؓ کو لوگوں نے قتل کردیا۔ خدا کے محبوبؐ

نے اپنے نواسے کو بچانے کے لیے اپنے خدا سے سفارش کیوں نہیں کی؟" اقبال نے برجستہ جواب دیا کہ: "ہاں وہ سفارش کرنے گئے تھے خدا کے پاس، لیکن کیا دیکھتے ہیں کہ خدا خود بیٹھا رو رہا ہے اور اپنے محبوبؐ کو دیکھتے ہی کہنے لگا: "اے محمدؐ! میں جانتا ہوں کہ تم کیا کہنے آئے ہو؟ تم جانتے ہو کہ لوگوں نے میرے بیٹے کو سولی پر چڑھا دیا اور میں باپ ہو کر بھی کچھ نہ کر سکا۔ اب تمہارے نواسے کے لیے کیا کر سکتا ہوں؟ انگریز شرمندہ ہو کر رہ گئے۔

اقبال کی شاعری کا ایک دَور محض حُبُّ الوطنی سے معمور تھا۔ اس میں شک نہیں، انھیں وطن سے، وطن کی سرزمین سے، یہاں کی دریاؤں اور پہاڑوں سے تک بڑی گہری محبت تھی۔ ہندو مسلم، سکھ، عیسائی بھیبد بھاؤ سے وہ بہت اونچے مقام پر تھے۔۔۔ انھیں بڑا دکھ تھا کہ ملّا اور مندر کے برہمن کی غلط تعلیمات ہندو مسلم کو گلے ملنے سے روکے رکھتی ہیں۔ اپنی ایک مشہور نظم "نیا شوالا" میں اسی دُکھ سے متاثر ہو کر انھوں نے قوم کو "دیر و حرم" کو چھوڑ کر ایک "نیا شوالہ" بنانے

کی دعوت دی تھی، اس کے چند اشعار یہاں درج کیے جاتے ہیں:

سچ کہہ دوں اے برہمن گر تو بُرا نہ مانے | تیرے صنم کدے کے بُت ہو گئے پُرانے
اپنوں سے بیر رکھنا تونے بتوں سے سیکھا | واعظ کو بھی سکھایا جنگ و جدل خدا نے
تنگ آکے میں نے آخر دیر و حرم کو چھوڑا | واعظ کا وعظ چھوڑا چھوڑے ترے فسانے
پتھر کی مورتوں میں سمجھا ہے تو خدا ہے | خاکِ وطن کا مجھ کو ہر ذرہ دیوتا ہے
سُونی پڑی ہوئی ہے مدت سے دل کی بستی | آ اِک نیا شوالہ اس دیس میں بنا دیں
ہر صبح اٹھ کے گائیں منتر وہ میٹھے میٹھے | سارے پجاریوں کو مئے پیت کی پلا دیں

ان کا وہ مشہور زمانہ قومی ترانہ ؏

سارے جہاں سے اچھا ہندوستاں ہمارا

آج بھی ہندوستان کی تعریف میں، محبت و عقیدت سے لبریز قومی ترانہ ہے ہر قومی تقریب میں اس کو والہانہ انداز میں گایا جاتا ہے۔ اس کے الفاظ سننے والوں کے دلوں میں ہندوستان کی خوبیوں کا سکہ بٹھا دیتے ہیں اور ان کے دلوں میں وطن کی محبت جگا دیتے ہیں۔

اقبال نے بہت ساری کتابیں لکھیں۔ ان کی بیشتر کتابوں کے یورپ نے انگلش میں ترجمے کیے ہیں۔ یہ عجیب بات ہے کہ ہماری

قوم سے زیادہ انگلینڈ والے اقبال کے قدردان تھے اور آج تک ہیں ——!

ان کی چند کتابوں کے نام یہ ہیں : بانگِ درا (اردو) بالِ جبریل (اردو)، ضربِ کلیم (اردو)، اسرارِ خودی (فارسی) —— رموزِ بیخودی (فارسی)، جاوید نامہ (فارسی)

اقبال نے کیمبرج یونیورسٹی سے فلسفے کی ڈگری لی۔ جرمنی کی یونیورسٹی نے انھیں پی ایچ ڈی کی ڈگری عطا کی —— لندن سے بیرسٹری کا امتحان امتیاز سے پاس کیا۔ اسی یونیورسٹی میں عربی کے پروفیسر بھی رہے۔ حکومت برطانیہ نے "سر" کا خطاب دیا اور ان کی اپنی قوم نے "علامہ" کا۔

اس قدر شاندار ڈگریوں اور خطابات کے باوجود وہ خود کو درویش کہتے تھے اور بڑی سادہ زندگی گزارتے تھے۔ ان کا گھر شان و شوکت سے خالی تھا۔ ایک معمولی چار پائی اور آرام کرسی تھی اسی پر بیٹھتے لیٹتے اور حقہ پیتے تھے۔ گھر میں اکثر اوقات صرف بنیان اور تہ بند سے رہتے تھے۔ ایک ملازم خدا بخش تھا جو زندگی بھر ان کے ساتھ رہا۔ انھوں نے زندگی کی آخری سانس بھی اسی کی

گود میں لی۔

وفات سے چار دن پہلے جب اُن کی حالت دِگرگوں ہو رہی تھی، تو بڑے بھائی کے تسلی دینے پر فرمایا: بھائی! میں مسلمان ہوں، موت سے نہیں ڈرتا، مسکراتا ہوا اس کا خیرمقدم کرتا ہوں ___ ساری دنیا میں ہل چل مچا دینے والا یہ شاعرِ مشرق، جو ایک صبح فجر کی اذاں کے ساتھ اس دنیا میں آیا تھا، ۶۵ سال کے بعد ایک صبح، اسی فجر کی اذاں کے ساتھ اس دنیا سے رخصت ہوگیا۔

ان کی موت کی خبر آناً فاناً میں سارے لاہور میں پھیل گئی ___ بازار، آفس اور سارے تعلیمی ادارے سب بند ہوگئے ___ ہر طرف لوگ زار و قطار رو رہے تھے ___ سارا ہندوستان سوگوار ہوگیا ___ جلوسِ جنازہ میں پچاس ہزار سے زائد لوگ شریک تھے ___ جنازے کو کندھا دینے ایک اژدھام ٹوٹ پڑا تھا۔ جنازے کے چاروں ڈنڈوں کو لانبے لانبے بانس باندھے گئے تھے، تاکہ بہت سارے لوگ جو بے چین تھے، کاندھا دینے کی سعادت حاصل کرسکیں۔

اقبالؔ نے ساری عمر اسلام کی خدمت میں گزاری۔ وہ مسلمانوں کو سچّا بہادر اور انصاف پسند دیکھنا چاہتے تھے۔ وہ مسلمانوں کو "یقین محکم" اور "عمل پیہم" کی دعوت دے کر مسلسل جد وجہد اور سخت محنت کا عادی بننے کا پیغام دیتے ہیں ـــ وہ مسلمانوں کو "انسانِ کامل" بنانا چاہتے ہیں تا کہ وہ آلِ رسول اور اصحابِ رسول کے قدم بقدم چل کر "مردِ مومن" بن سکیں، جن کے لیے خدا نے فرما دیا ہے ؎

قوتِ عشق سے ہر پست کو بالا کر دے
دہر میں اسمِ محمدؐ سے اُجالا کر دے
کی محمدؐ سے وفا تو نے تو ہم تیرے ہیں
یہ جہاں چیز ہے کیا لوح و قلم تیرے ہیں

★ ★ ★

بچوں کے لیے ایک دلچسپ سوانحی کہانی

سردار جعفری

مصنفہ : رفیعہ شبنم عابدی

بین الاقوامی ایڈیشن منظر عام پر آچکا ہے